Hans Frank • Norbert Rath

Kommodore Rudolf Petersen

Führer der Schnellboote 1942–1945
Ein Leben in Licht und Schatten unteilbarer Verantwortung

Hans Frank • Norbert Rath

Kommodore Rudolf Petersen
Führer der Schnellboote 1942–1945
Ein Leben in Licht und Schatten
unteilbarer Verantwortung

2016

Carola Hartmann Miles-Verlag

Bibliografische Information der Deutschen Nationalbibliothek

Die Deutsche Nationalbibliothek verzeichnet diese Publikation in der Deutschen Nationalbibliografie; detaillierte bibliografische Daten sind im Internet über www.dnb.de abrufbar.

Herstellung: Books on Demand, Norderstedt
Printed in Germany

ISBN 978-3-945861-41-7

Inhalt

Vorwort

Rudolf Petersen wurde als junger Korvettenkapitän mit der Aufgabe des neugeschaffenen Führers der Schnellboote betraut. Konsequent baute er die anfangs noch geringschätzig betrachteten Schnellboote als zum Ende des Krieges einzig verbliebenen Träger des Überwasserkampfes aus. Seine Vorstellungen über das Boot, dessen Bewaffnung, Einsatzverfahren, Führung und Ortungsmittel prägten noch den Aufbau der Schnellbootswaffe nach 1956. Dennoch taucht sein Name in den Annalen der Bundesmarine nicht auf.

In diesem Buch wird die Person Petersen als einfallsreicher, umsichtiger und fürsorglicher, auch Konflikte mit den Vorgesetzten nicht scheuender militärischer Führer geschildert. Ein Mann, der dann aber in den Tagen des Übergangs vom Krieg zum Frieden in einer Ausnahmesituation bei der Entscheidung über die Verhängung der Todesstrafe nicht mehr die Kraft aufbrachte, seiner bis dahin von christlicher Überzeugung geprägten Lebensweise und seiner bisherigen Haltung und Vorgehensweise zu folgen, sondern sich offensichtlich dem Druck, der von höchsten Stellen auf ihn ausgeübt wurde, beugte. Diese Entscheidung steht völlig im Gegensatz zu seinem bisherigen Lebensweg und seiner Einstellung und lässt viele Fragen offen.

Innerlich zerbrach er an dieser von ihm selbst so gesehenen „Schuld", für die er in der ihm eigenen Art die uneingeschränkte Verantwortung übernahm.

Deutlich wird damit, wie bewährte militärische Führer in Grenzsituationen kommen und sich in ihnen bewähren oder schuldig werden können – wie dies die Nachkriegswelt beurteilte und wie die Betroffenen selbst mit ihrer Verantwortung fertig wurden. Es ist somit auch ein Beitrag zum Verständnis für die Generation unserer Väter, die in einem Krieg kämpften, den sie nicht zu verantworten hatten, in dem sie aber glaubten, ihr Bestes geben zu müssen und erst später erkannten, dass sie von einer verbrecherischen Führung missbraucht worden waren.

Hans Frank   Norbert Rath

Der Weg in die Reichs- und Kriegsmarine

<u>Rudolf</u> Jaspar Petersen wurde am 15. Juni 1905 in Atzerballig auf der Insel Alsen als Sohn des Pastors Peter Andreas Petersen und seiner Frau Cäcilie geboren. Er hatte noch vier Geschwister. Zwei Brüder, von denen der eine, Karl-Otto, als Dipl.-Ing. Reichsbahnrat in Neumünster und dann Abteilungspräsident an der Bundesbahndirektion in Frankfurt war, der andere, Hans, als Realschullehrer und zuletzt Konrektor in Ratzeburg wirkte. Dazu kamen zwei später verheiratete Schwestern, Eva und Christel. Mit seinen Geschwistern wuchs Rudolf Petersen auf der Insel Alsen auf, wo er die Volksschule seines Heimatortes besuchte, um anschließend auf das humanistische Gymnasium in Hadersleben zu wechseln. Vom 9. bis zum 15. Lebensjahr lernte er hier, musste dann aber die Schule verlassen, da Nordschleswig nach der Volksabstimmung 1920 an Dänemark fiel und der deutschnational gesinnte Pastor Petersen seine Anstellung verlor und mit seiner Familie Alsen und damit die alte Heimat zu verlassen hatte.

Peter Petersen, als Sohn des Bruders Karl-Otto ein Neffe Petersens, berichtet dazu: „Für meinen Onkel, der Nordschleswig nach dem Ersten Weltkrieg verlassen hatte, war Heimatverbundenheit nie ein leeres Wort gewesen. Er war in einem deutsch-dänischen Grenzland aufgewachsen und hatte das Spannungsfeld der politischen, geistigen und religiösen Gegensätze hautnah miterlebt. Sein Vater, der Pastor Petersen, hielt seine Gottesdienste in dänischer Sprache, denn die Kirchensprache blieb auch in der deutschen Zeit dänisch. Nur einmal im Monat wurde zum Ärger der Dänen in Deutsch gepredigt, um diejenigen zu erreichen, die der dänischen Sprache nicht mächtig waren. In der Familie gab es aber nie Zweifel, dass man deutsch sprach und handelte, stolz auf seine Herkunft war und Nordschleswig für ein urdeutsches Land hielt. Mein Onkel hatte um 1920 in Hadersleben miterlebt, wie das deutsche Gymnasium während einer Trauerfeier für die im Weltkrieg gefallenen ehemaligen Schüler von französischen Alpenjägern besetzt und beschlagnahmt werden sollte. In dieser für die Deutschen tief empörenden Situation stimmte Pastor Petersen – also der Vater meines Onkels – spontan das Deutschlandlied an, was dann wiederum in der dänischen Presse zu scharfen Angriffen auf den deutschen Pastor geführt hat."[1]

Nordschleswig

Nach dem Sieg im Deutsch-Dänischen Krieg von 1864 hatte der Deutsche Bund unter gemeinsamer Führung Preußens und Österreichs Schleswig-Holstein aus dänischer Hoheit gelöst und der gemeinsamen Verwaltung durch Preußen und Österreich unterstellt. Als Preußen 1866 Österreich besiegte, übernahm es auch die Herrschaft über Schleswig, musste sich allerdings im Vertrag von Prag verpflichten, im nördlichen Teil Schleswigs binnen sechs Jahren ein Referendum zur Staatszugehörigkeit durchzuführen. Preußen kam dieser Verpflichtung jedoch nicht nach, und im sogenannten „Optantenvertrag" von 1907 zwischen dem deutschen Kaiserreich und Dänemark wurde die Grenzziehung von 1864 von Dänemark akzeptiert und auf eine Volksabstimmung verzichtet. Nach der Niederlage Deutschlands im Ersten Weltkrieg, an dem Dänemark nicht teilgenommen hatte, wurde im Versailler Vertrag jedoch eine Volksabstimmung für die nördlichen Bereiche Schleswigs festgelegt und dabei die Abstimmungszonen und -modalitäten nach den Wünschen Dänemarks definiert. Es wurden zwei Abstimmungszonen bestimmt. Die nördliche Zone, zu der auch der Wohnort Petersens gehörte, wurde so festgelegt, dass dort eine sichere dänische Gesamtmehrheit zu erwarten war. Die Abstimmung erfolgte am 1. Februar 1920 und – wie erwartet – stimmte die Mehrheit für den Anschluss des nördlichen Teils an Dänemark. Die Abtrennung Nordschleswigs wurde dann mit dem Vertrag von Paris im Juli 1920 völkerrechtlich wirksam.

---

[1] Schreiben Peter Petersen an Norbert Rath vom 28.11.1999.

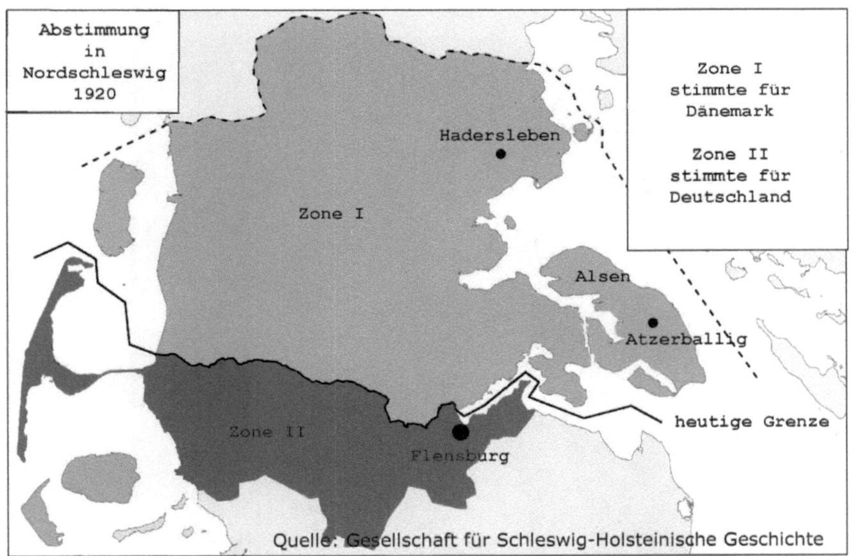

Bild 01 – Abstimmungszonen in Nordschleswig

Bild 02 – Pastor Petersen als Militärpfarrer 1914/15
an der Flandernfront

Aufgrund dieser bekundeten deutsch-nationalen Einstellung gab es keinen Platz mehr für Petersens Vater in Dänemark. Aber auch in Deutschland gab es nicht sofort eine neue Stelle, und so kamen die drei Jungen vorerst in das Internat der Franckeschen Stiftung in Halle. Erst nachdem der Vater eine Pastorenstelle in Pommern und danach in Berlin-Lichterfelde gefunden hatte, kehrten die Jungen in die Familie zurück. Rudolf Petersen wechselte nun, im 17. Lebensjahr, auf das Gymnasium in Berlin-Lichterfelde, wo er Ostern 1925 die Reifeprüfung bestand.

Sein Vetter, Hans-Reinhard Hauschildt, beschreibt Petersen als großen, schlanken Mann, in sich gekehrt und ausgesprochen ernst. Die ganze – norddeutsch geprägte – Familie war von Natur aus ruhig und zurückhaltend, durch die strenge Erziehung im Elternhaus wurden diese Wesenszüge noch verstärkt und gefördert. Von seinen Besuchen im Elternhaus Petersens – Hauschildt hat, während Petersens Vater Pastor in Berlin war, mehrere Monate im Hause Petersen verbracht – erinnert er sich, dass die ganze Familie gewaltigen Respekt vor dem Vater hatte und dass das väterliche Wort Gesetz war. Zu seiner Mutter hatte Petersen eine sehr enge Beziehung, sie hatte große und über die Jahre andauernde Bedeutung für ihn.[2]

Die Jugendjahre haben Petersen geprägt. Aufgewachsen in einem autoritär geführten, aber dennoch christlich geprägten Elternhaus, erlebte er die Vertreibung aus seiner so gefühlten Heimat, die mühselige Eingliederung und die politischen Wirren in der ersten Hälfte der 20er-Jahre. So kann es auch nicht verwundern, dass er – seinem langjährigen Berufswunsch folgend – nach der Reifeprüfung in die Marine eintrat und damit eine ihm Halt gebende neue Heimat fand.

Erste Marinezeit

Als Anwärter für die Seeoffizierslaufbahn trat Petersen mit der Crew 25 am 1. April 1925 in die Marine ein. Neben der Ausbildung auf dem Segelschulschiff NIOBE war die anschließende 13monatige Weltreise auf dem Kreuzer HAMBURG, nach der die Beförderung zum Fähn-

---

[2] Gespräch Hans-Reinhard Hauschildt mit Norbert Rath am 16.10.1999.

rich zur See erfolgte, sicherlich prägend.[3] Die weitere Ausbildung erfolgte an der Marineschule Mürwik, den Waffen- und Nachrichtenschulen sowie in einem Bordpraktikum bei der II. Torpedobootsflottille. Nach Abschluss der insgesamt 54 Monate dauernden Ausbildung wurde Petersen am 1. Oktober 1929 mit seiner Crew zum Leutnant zur See befördert.[4] Allerdings hat er in dieser Zeit offenbar keine ganz herausragenden Leistungen gezeigt, denn in der Rangliste von 1929 rangierte er auf Platz 20 von 57 Crewkameraden.[5] Hinzu kamen noch 15 Leutnante des Marineingenieurswesens sowie drei Marinezahlmeister im Range eines Leutnants zur See.[6]

---

[3] Die Reise führte über Mittel- und Nordamerika nach Japan und Indonesien. Von dort ging es über Colombo durch den Suezkanal in das Mittelmeer. Letzter Hafen war Vigo in Spanien.

[4] Zum Ausbildungsgang für Seeoffiziere in der Reichsmarine vgl. Dieter Matthei, Jörg Duppler, Karl Heinz Kuse: Marineschule Mürwik, Herford 1985, S. 275.

[5] Rangliste der Reichsmarine nach dem Stand vom 15. November 1929, Berlin 1929, S. 54 f.

[6] Vgl. Rangliste vom 5. November 1930, S. 63 und S. 72.

Bild 03 – Petersen als Seekadett mit dem Mützenband
„KREUZER HAMBURG"

Bild 04 – Petersen als Leutnant zur See

Dann folgte ein erster Einsatz als Wachoffizier auf dem Linienschiff SCHLESIEN und anschließend auf dem Kreuzer KARLSRUHE, mit dem er dessen erste Auslandsreise als Kadettenschulschiff 1930 mitmachte. Die siebenmonatige Reise führte durch das Mittelmeer und den Suezkanal zur Ostküste Afrikas, weiter um das Kap der Guten Hoffnung zur Lüderitzbucht, Walfischbay und Angola, um von dort Südamerika anzusteuern. Auf der Rückreise wurde als letzter Hafen Vigo besucht und damit eine Fahrt abgeschlossen, die dem jungen Seeoffizier den Blick weitete. Es folgten Verwendungen als Zugführer in einer Rekrutenkompanie und als Wachoffizier auf dem Vermessungsschiff METEOR, wo er auch am 1. Juli 1931 zum Oberleutnant zur See befördert wurde. In der damaligen Beurteilung heißt es: „...um seine Leute hat er sich vorbildlich gekümmert. Er behandelt sie frisch und energisch, manchmal etwas zu schroff. Seine Schroffheit und gelegentliches Aufbrausen sind jedoch mehr äußerlich und von seinen Untergebenen auch richtig aufgefasst worden. Er ist mit Erfolg bemüht, sich davon freizumachen...“[7].

Anschließend wurde er Kommandant auf dem „Peilboot V“[8], welches er von April 1932 bis September 1933 befehligte. Hier bewährte er sich zum ersten Mal als Bootsführer und sammelte wertvolle Erfahrungen in Navigation und Seemannschaft.

Danach folgte wieder eine Verwendung als Wachoffizier, diesmal auf dem Torpedoboot JAGUAR. Von hier aus holte ihn der Chef der 3. Torpedobootshalbflottille, KKpt. Meendsen-Bohlken[9], im September 1934 für ein Jahr als Adjutant auf sein Führerboot TIGER.

---

[7] Beurteilung als Oberleutnant zur See vom 01.11.1931, zitiert in den Prozessakten in: Staatsarchiv Hamburg, Archivbestand 213-11, Signatur 7566/55, Bd. 6, Blatt 1.163. Diese, wie auch spätere Beurteilungen sind weder im Original noch in Kopie in den Prozessakten oder in der Personalakte im Bundesarchiv-Militärarchiv (Bestand RW 59) oder in der Ersatzakte bei der Deutschen Dienststelle für die Benachrichtigung der nächsten Angehörigen von Gefallenen der ehemaligen deutschen Wehrmacht (Abt. II C 14 -120322 140 (KM)) vorhanden.

[8] Die Reichsmarine verfügte 1930/32 über 3 Peilboote, die 1911–12 auf der Danziger Werft Klawitter gebaut worden waren. 85 t, 8 kn, 22,8 m lang, 5,3 m breit, 14 Mann Besatzung.

[9] Später als Vizeadmiral Befehlshaber des Deutschen Marinekommandos Italien und letzter Flottenchef der Kriegsmarine.

Bild 05 – Peilboot V, Petersens erstes Boot als Kommandant

Zur Schnellbootswaffe

Am 1. Oktober 1935 kam Petersen als 29-Jähriger und einen Monat vorher zum Kapitänleutnant Beförderter zur Schnellbootswaffe und wurde Kommandant des kurz vorher in Dienst gestellten Schnellbootes S 9. Das Boot gehörte zur 1. Schnellbootsflottille[10] in Kiel und war, wie auch die übrigen Boote der Flottille, von der Firma Lürssen in Vegesack gebaut. Die „Reichsmarine" war bereits am 21. Mai 1935 in „Kriegsmarine" umbenannt worden.[11] Mit Erlass vom 7. November 1935[12] wurde auch die Kriegsflagge geändert. Anstelle des Eisernen Kreuzes auf schwarz-weiß-rotem Tuch trat jetzt das Hakenkreuz auf rotem Grund. Weder zur Umbenennung noch zum Flaggenwechsel sind Äußerungen von Petersen überliefert.

---

[10] Am 01.10.1935 war die 1. Schnellbootshalbflottille in 1. Schnellbootsflottille umbenannt worden. Marineverordnungsblatt, Heft 25 vom 1. Oktober 1935, S. 254.

[11] Marineverordnungsblatt, Heft 13 vom 15. Juni 1935, S. 113.

[12] Reichsgesetzblatt Teil I vom 7. November 1933 Nr. 122. Vgl. auch Jörg Duppler: Germania auf dem Meere, Hamburg 1998, S. 108 f.

18

Bild 06 – Die 1. Schnellbootsflottille 1936 in Vegesack unter der neuen Kriegsflagge und mit Hoheitsabzeichen an der Brücke

Es war in dieser Zeit üblich, dass Schnellboote von Offizieren, die auf Torpedobooten Erfahrung gesammelt hatten, übernommen wurden, denn als „neue Waffe" verfügten sie noch über keinen eigenen Nachwuchs. Gerade dieses Neue reizte aber Petersen und es war auch die Zeit, in der Grundlagen für den späteren Einsatz gelegt wurden. Neue Taktiken wie „Angriff aus der Lauerstellung" oder „ Zangenangriff" wurden erprobt, Fernmeldeverfahren festgelegt und neue Formationen getestet.[13] Dabei lösten sich die durchweg jungen Seeoffiziere vom althergebrachten Denken. So wurde nicht der von den Torpedobooten immer noch praktizierte „Durchbruch durch die Linie" geübt, sondern die Schnellbootsfahrer fühlten sich als eigenständige und selbsttätig agierende Waffe mit Zukunftsperspektive – auch wenn es viele in der Marine damals so noch nicht sahen. So forderte noch 1938 der damalige Flottenchef, Admiral Rolf Carls, die Einstellung des Schnellbootbaus, da die Boote „...zu sehr vom Wetter abhängig

---

[13] Gespräche Hans Frank mit Friedrich Kemnade, Kommandant in der 1. SFltl. 1936/37 und später Chef 3. SFltl., in den Jahren 1975/76, 1996 und 1998.

sind und nur eine ausgesprochene Gelegenheitswaffe darstellen ...
(und) ... das S-Boot in seiner jetzigen Form als Torpedoträger am
Abschluss der Entwicklung steht".[14]

Lürssen-Werft

Schon vor dem Ersten Weltkrieg experimentierte die kleine Yacht-
werft in Bremen-Vegesack mit dem Bau schneller Motorboote und
baute im Kriege erste schnelle Torpedoträger. Als Antrieb wurden
Luftschiffsmotoren genutzt, sie wurden daher als LM-Boote bezeichnet.

Für die Reichsmarine beteiligte sich Lürssen an einer Ausschrei-
bung über Motor-Torpedoboote mit dem Verdrängungsboot LÜR.
Dieses bewährte sich aufgrund besseren Seeverhaltens gegenüber der
Konkurrenz, die wegen höherer Geschwindigkeiten auf Gleitboote
gesetzt hatte. 1929 erhielt Lürssen den Auftrag zum Bau des ersten
richtigen Schnellbootes. Bis zum Beginn des Zweiten Weltkrieges
wurden insgesamt 23 weiter verbesserte und dann auch mit Dieselmotoren ausgestattete Boote gebaut. Lürssen wurde damit zur Stammwerft der deutschen Schnellboote und sollte es bis zum Kriegsende
bleiben. Die enge Zusammenarbeit und das gegenseitige Kennen
führten dazu, dass Forderungen, die Petersen und sein Stab im Verlauf des Krieges nach Verbesserungen und Veränderungen stellten,
von der Werft verzugslos aufgegriffen und umgesetzt wurden. Insgesamt liefen 243 Schnellboote vom Stapel, 175 davon auf der Lürssen-
Werft. Die übrigen wurden – nach Lürssen-Plänen – von später hinzugekommenen Werften gebaut. In der Bundesmarine setzte Lürssen
mit der SILBERMÖWE-, JAGUAR-, ALBATROS- und GEPARD-
Klasse die Tradition als Stammwerft fort.

---

[14] Wilhelm Treue: Deutsche Marinerüstung 1919–1942, Herford 1992, S. 136.

20

Bild 07 – Torpedoboote beim Durchbruch durch die Linie

Doch die Kommandantenzeit auf S 9 war schnell zu Ende. Bereits nach einem Jahr trat Petersen am 1. Oktober 1937 seine neue Verwendung als Chef einer Ausbildungskompanie für Offiziersanwärter bei der II. Abteilung der Schiffsstammdivision der Ostsee in Stralsund an. Auch sie sollte nur ein Jahr dauern. Der spätere Kommandant in der 6. SFltl., Heinz-Friedrich Nitsche, erlebte Petersen während seiner Grundausbildung als einen „furchtbar" strengen Vorgesetzten, der immer am Mann gewesen sei und sich unermüdlich um die Ausbildung der Soldaten gekümmert habe.[15] In seiner damaligen Beurteilung ist zu lesen: „In gutem Sinne kritisch, hält er mit seiner Meinung in und außer Dienst nicht zurück. Besonders für kirchliche Fragen interessiert, da sein Vater als Bekenntnispfarrer in Berlin tätig ist..."[16].

Hier klang bereits eine Seite an, die von vielen seiner späteren Mitstreiter immer wieder herausgestellt wurde, die tiefe Bindung an den christlichen Glauben. Sie gründete auf der Erziehung im und der Bindung an das Elternhaus, sicherlich auch verstärkt durch die Hinwendung des Vaters zur Bekennenden Kirche und dessen Nähe zu Martin Niemöller. Die offene Ablehnung des antichristlichen Nationalsozialismus durch den Vater, mit folgender Gestapo-Überwachung

---

[15] Heinz-Friedrich Nitsche im Gespräch mit Norbert Rath im Herbst 1999.
[16] Beurteilung als Kapitänleutnant vom 01.11.1937, zitiert in den Prozessakten in: Staatsarchiv Hamburg, a.a.O., Bd. 6, Blatt 1.164. Vgl. auch Anmerkung 7.

und mehrfachen Verhaftungen mit kurzzeitigen Einbringungen in das Gefängnis Moabit, brachten den jungen Seeoffizier in innere Konflikte und führten langfristig zu einer kritischen Distanz zur Führung des Dritten Reiches.

Nach der Kompanieführer-Zeit ging es zur einjährigen Admiralstabsausbildung an der Marineakademie in Kiel. Zu seinem Lehrgang gehörten Seeoffiziere, die später in der Operationsabteilung der Seekriegsleitung bzw. im Wehrmachtsführungsstab wichtige Positionen einnahmen, wie KKpt. Hansjürgen Reinicke, KKpt. Wolf Junge, Kptlt. Heinz Assmann (alle Crew 1922) sowie seine Crewkameraden Kptlt. Heinrich Gerlach und Kptlt. Kurt Freiwald. Leiter der Marineakademie war zu dieser Zeit KzS Theodor Krancke, der später als Oberbefehlshaber des Marinegruppenkommandos West Petersen, als Führer der Schnellboote, direkt befehligte. In der Beurteilung zum Abschluss des Lehrganges wurde festgestellt: „...wertvoller Offizier von unbedingter Zuverlässigkeit. Nach außen hin etwas schroff und stur, in Wirklichkeit ein gerader, ehrlicher, lauterer Charakter. Zwar vielseitig interessiert und von hoher und ernster Lebens- und Berufsauffassung, da ihm jedoch theoretische Beschäftigung weniger liegt und er geistig nicht sonderlich beweglich ist, fiel es ihm schwer, auf dem Lehrgang besondere Erfolge ... zu erzielen. Eine gewisse Schwerblütigkeit im Denken und Langsamkeit im Aufsetzen von Schriftstücken im Gegensatz zu frischer Entschlussfreudigkeit bei praktischen Dingen machen ihn zum Admiralstabsoffizier weniger, dagegen zum Frontoffizier vorzüglich geeignet. Sein gerades, kompromissloses Wesen ist seine Stärke...“[17]

Folgerichtig kam Petersen zur Truppe und damit zur Schnellbootswaffe zurück. In der Rangliste der Crew stand er nun auf Platz 18 von 51.[18]

---

[17] Beurteilung vom 06.08.1938, zitiert in den Prozessakten Staatsarchiv Hamburg, a.a.O., Bd. 6, Blatt 1.164. Vgl. Anmerkung 7.

[18] Rangliste der Deutschen Kriegsmarine nach dem Stand vom 1. November 1938, Berlin 1938, S. 15 f.

Flottillenchef

Am 12. August 1938 stellte Petersen, als jetzt 33-jähriger Kapitänleutnant, die 2. Schnellbootsflottille (SFltl.) in Kiel mit den Booten S 6
– S 9 in Dienst.[19] Obwohl als Nordseeflottille mit Heimathafen Wilhelmshaven aufgestellt, sollte der Verband dieses Gewässer erst kurz
vor Beginn des Krieges kennenlernen. Zur Flottille stießen wenig
später auch die Boote S 14 – S 17 mit dem Begleitschiff TANGA.
Diese Boote waren noch mit den sehr störanfälligen Maybach-
Motoren ausgerüstet, die viele Ausfälle verursachten, was wiederum
die Ausbildung einschränkte. Petersen kümmerte sich intensiv um die
Details der Motorenprobleme und erwarb sich mit seinem techni-
schen Verständnis umfangreiche Kenntnisse über die noch von vielen
Seeoffizieren etwas abfällig so bezeichnete „Heizerei“.

Bild 08 – Petersen als Kapitänleutnant
und Chef der 2. SFltl.

---

[19] Marineverordnungsblatt, Heft 28 vom 1. September 1938, S. 418.

Trotz dieser Schwierigkeiten versuchte er in der Ausbildung mit den sieben voll besetzten Booten (ein Boot verblieb als Reserve) das umzusetzen, was er in seiner Kommandantenzeit erlernt und erfahren hatte. Doch die politische Entwicklung warf bereits ihre Schatten voraus. So mussten die Boote während der Sudetenkrise im Oktober 1938 ihren Fahrbetrieb drastisch einschränken, um die 150 Betriebsstunden der Motoren bis zur nächsten Überholung nicht zu überschreiten und für eventuelle Einsätze klar zu sein. Gleiches galt auch für die Memelkrise im März 1939, in deren Verlauf die 2. SFltl. am 28. März in Memel (heute Klaipeda) als Teil des Flottenverbandes mit den Panzerschiffen DEUTSCHLAND (Hitler an Bord), ADMIRAL GRAF SPEE und ADMIRAL SCHEER sowie mehreren Kreuzern und Torpedobooten in Memel einlief.[20] Die aus Anlass dieses Ereignisses herausgegebene Erinnerungsmedaille[21] erhielt auch Petersen.

Im Sommer 1939 übernahm die Flottille die schon mit Mercedes-Motoren ausgerüsteten Boote der 1. SFltl., da diese bereits neue Boote in Dienst stellte. Danach stand die übliche Sommerreise auf dem Programm, in der die Boote in den kleinen Badeorten an der Ostseeküste Station machten, um für die Marine zu werben. Dies war die letzte „Friedensaufgabe", denn mit dem Überfall auf Polen am 1. September 1939 begann der Zweite Weltkrieg.

---

[20] Vgl. Marine-Rundschau April 1939, S. 370.
[21] Satzung der Medaille zur Erinnerung an die Heimkehr des Memellandes vom 1. Mai 1939, Reichsgesetzblatt Nr. 84 vom 4. Mai 1939, S. 863.

Bild 09 – Petersen (links) mit Kommandanten im Sommer 1939

Bild 10 – Boote an dem Seesteg von Göhren auf Rügen

Einsätze als Flottillenchef

Nach dem deutschen Überfall auf Polen erklärten am 3. September 1939 Frankreich und Großbritannien gemäß ihrer Bündnisverpflichtung gegenüber Polen Deutschland den Krieg. Damit hatte Hitler den Zweiten Weltkrieg entfesselt. Die Kriegsmarine war auf diesen Krieg nicht vorbereitet. Sie hatte, so der Oberbefehlshaber der Kriegsmarine Großadmiral Erich Raeder, auf die Aussagen Hitlers vertraut, dass mit einem Krieg gegen England nicht vor etwa 1944 zu rechnen sei, und für diesen Fall ein umfangreiches Rüstungsprogramm, den sogenannten Z-Plan, entwickelt. Doch davon war 1939 noch nichts umgesetzt.[22] Raeders Fazit: „Die Überwasserstreitkräfte aber sind noch so gering an Zahl und Stärke gegenüber der englischen Flotte, dass sie – vollen Einsatz vorausgesetzt – nur zeigen können, dass sie mit Anstand zu sterben verstehen ...“[23]

In der Operationsplanung war für den Kriegsbeginn eine Massierung der Seestreitkräfte in der Ostsee vorgesehen, um Polen rasch zu besiegen. In der Nordsee sollte vor allem die Deutsche Bucht gegen mögliche englische oder französische Flottenvorstöße gesichert werden. Ein Szenario, welches an den Ersten Weltkrieg erinnerte, als noch an die „Schlacht bei Helgoland" geglaubt wurde.[24] Kurz vor Ausbruch des Krieges verlegte Petersen deshalb mit der 2. Schnellbootsflottille (SFltl.) in die Nordsee. Die Boote sollten dort Aufklärung gegen feindliche Verbände betreiben. Bei ihrem ersten Aufklärungsvorstoß am 3. September 1939 geriet die Flottille bei Helgoland in schweres Wetter, wobei ein Boot so große Seeschäden erlitt, dass es nach Wilhelmshaven eingeschleppt und später außer Dienst gestellt werden musste. Nachdem die übrigen Boote in Helgoland eingelaufen waren, sammelte Petersen seine Kommandanten um sich und erklärte: „Dies ist der 2. Weltkrieg. Er dauert länger als der 1. und wir kön-

---

[22] Vgl. Michael Salewski: Die deutsche Seekriegsleitung 1935–1945, Bd. I; Frankfurt am Main 1970, S. 38 ff.

[23] Gedanken des Oberbefehlshabers der Kriegsmarine zum Kriegsausbruch am 3.9.1939 in: KTB Skl (A), Bd. 1, S. 15-E f.

[24] Vgl. Kurt Assmann: Deutsche Seestrategie in zwei Weltkriegen, Heidelberg 1957, S. 42 sowie grundsätzlich Wolfgang Wegener: Die Seestrategie des Weltkrieges, Berlin 1929.

nen ihn nur verlieren, denn er ist ein Seekrieg."[25] Diese ungewöhnliche und im nationalsozialistischen System mutige Erklärung Petersens zu diesem frühen Zeitpunkt des Krieges ist ein Beweis für seine herausragende Fähigkeit, in größeren Zusammenhängen zu denken, und zeigt eine erstaunliche Weitsicht. Seinem offenen Wesen entsprechend machte er auch hier aus seinen Ansichten kein Hehl.

Wenige Tage später, am 10. September, verlegte die Flottille zurück in die Ostsee, um in der Folgezeit, gestützt auf Kiel, Swinemünde, Sassnitz und Rostock, Ausbildung zu betreiben. Diese wurde aber immer wieder unterbrochen, um U-Bootssicherung für die Kreuzer HIPPER und BLÜCHER zu fahren und nach britischen und polnischen U-Booten in der westlichen Ostsee, den Belten und Sunden zu suchen. Das alles war unspektakulär, Erfolge konnten nicht erzielt werden. Außerdem waren die Schnellboote für diesen Zweck denkbar ungeeignet, da geringe Augeshöhe und häufig überkommendes Spritzwasser die Beobachtung eines Sehrohres oder einer Blasenbahn nur schwer zuließen. Petersen war zwar auch dieser Auffassung, hielt aber dennoch die Einsätze für zweckmäßig, um die Ausbildung voranzutreiben und die Besatzungen an den Seealltag zu gewöhnen. Unbeschadet davon nahm er die kritische Stellungnahme eines Kommandanten („Ich halte daher das Schnellboot für diesen Zweck schlecht geeignet."[26]) in das Kriegstagebuch auf, wie er überhaupt abweichende Meinungen nicht nur schätzte, sondern sie geradezu herausforderte.

Norwegen und erste Erfolge

Der lange Winter 1939/40 mit starkem Eisgang schränkte den Betrieb der Boote weiter ein. Es begann eine Werftliegezeit und gleichzeitig die Übernahme neuer Boote mit geschlossener Back, womit ein wesentlich günstigeres Seegangsverhalten erreicht wurde.[27] Petersen selbst wurde am 1. Januar 1940, nach etwas mehr als vier Jahren Dienstzeit im Rang eines Kapitänleutnants, zum Korvettenkapitän

---

[25] Bernd Rebensburg: Erinnerungen an den Schnellbootseinsatz im Westen 1940–1945, Bonn 1999, S. 2.
[26] KTB 2. SFltl. Bd. 1, fol. 40.
[27] Zu den unterschiedlichen Bootstypen vgl. Anhang.

befördert. Ende März 1940 sammelte die Flottille unter seiner Führung dann in Wilhelmshaven und bereitete sich auf die Norwegenbesetzung im Rahmen des Unternehmens „Weserübung" vor.[28] Zur
Kriegsschiffsgruppe 4 gehörend, verließen die Boote am 8. April 1940
um 5.30 Uhr Wesermünde (Bremerhaven), um sich am darauf folgenden Morgen kurz vor Kristiansand mit den anderen Schiffen der
Gruppe 4, dem Leichten Kreuzer KARLSRUHE, den Torpedobooten LUCHS, SEEADLER und GREIF und dem Begleitschiff
TSINGTAU, zu treffen. Durch dichten Nebel verzögerte sich das
Einsteuern in den Fjord, erst gegen 6.00 Uhr reichte die Sichtverbesserung aus, allerdings eröffneten nun die norwegischen Küstenbatterien das Feuer und verwehrten den Schiffen den Eintritt in den Kristiansand Fjord. Erst nach Eintreffen der angeforderten Luftunterstützung konnten die Schiffe gegen 11.00 Uhr in den äußeren Fjord eindringen. Hier, im Schutz des Fjordes, übernahm Petersens Flottille die
Heeresstoßtruppen und brachte sie trotz des gegnerischen Feuers in
der Nähe der Küstenbefestigungen sowie am Rande der Stadt an
Land, von wo aus sie Kristiansand und den Flugplatz im Laufe des
Tages in Besitz nahmen.

---

[28] Zur Vorgeschichte, Planung und Durchführung der Besetzung Norwegens und
Dänemarks vgl. Hans-Martin Ottmer: Weserübung; München 1994.

Weserübung

In den Überlegungen der Kriegsmarine, wie der ungewollte und als kaum gewinnbar angesehene Krieg gegen Großbritannien zu führen sei, spielte die seestrategische Position eine ganz wesentliche Rolle. Die Erfahrungen des Ersten Weltkrieges, nach denen die Hochseeflotte aufgrund fehlender Stützpunkte weder gegen die in der nördlichen Nordsee operierenden britischen Blockadekräfte noch gegen die britische Handelsschifffahrt selbst vorgehen konnte, führten frühzeitig zu Überlegungen, Ausgangsbasen für den Kampf gegen die britische Zufuhr im nordischen Raum zu gewinnen. Raeder sprach bereits 1939 Hitler darauf an, der allerdings zunächst abwartend reagierte. Dann aber gab es Anzeichen, die auf eine Landung britischer und französischer Truppen in Nordnorwegen hindeuteten, um von dort aus Finnland im Kampf gegen die Sowjetunion zu unterstützen. Jetzt sah Hitler Gefahr für die unverzichtbaren Erztransporte über den eisfreien Hafen Narvik und gab Ende Januar 1940 Weisung, die Besetzung Norwegens und Dänemarks, auch unter Bruch der Neutralität, vorzubereiten. Unter strengster Geheimhaltung wurden die Planungen für einen schlagartigen Zugriff aufgenommen. Während Dänemark vorrangig vom Festland aus zu besetzen war, sollten die zur Einnahme von Norwegen notwendigen Heerestruppen mit fünf Kriegsschiffgruppen herangeführt werden:

Gruppe 1:   Narvik, Zerstörer gesichert durch Schlachtschiffe,

Gruppe 2:   Trondheim, Schwerer Kreuzer und Zerstörer,

Gruppe 3:   Bergen, Kleine Kreuzer, Torpedoboote und 1. SFltl.,

Gruppe 4:   Kristiansand, Kleiner Kreuzer, Torpedoboote,
              2. SFltl.,

Gruppe 5:   Oslo, zwei Schwere Kreuzer, ein Kleiner Kreuzer,
              Torpedoboote.

Am 2. April 1940 legte Hitler fest, dass die Landung am 9. April (Wesertag) um 5.15 Uhr (Weserzeit) erfolgen sollte. Während Dänemark bereits am 10. April vollständig besetzt war, gingen die Kämpfe in Nordnorwegen bis in den Juni hinein. Erst am 10. Juni 1940 kapitulierte Norwegen endgültig.

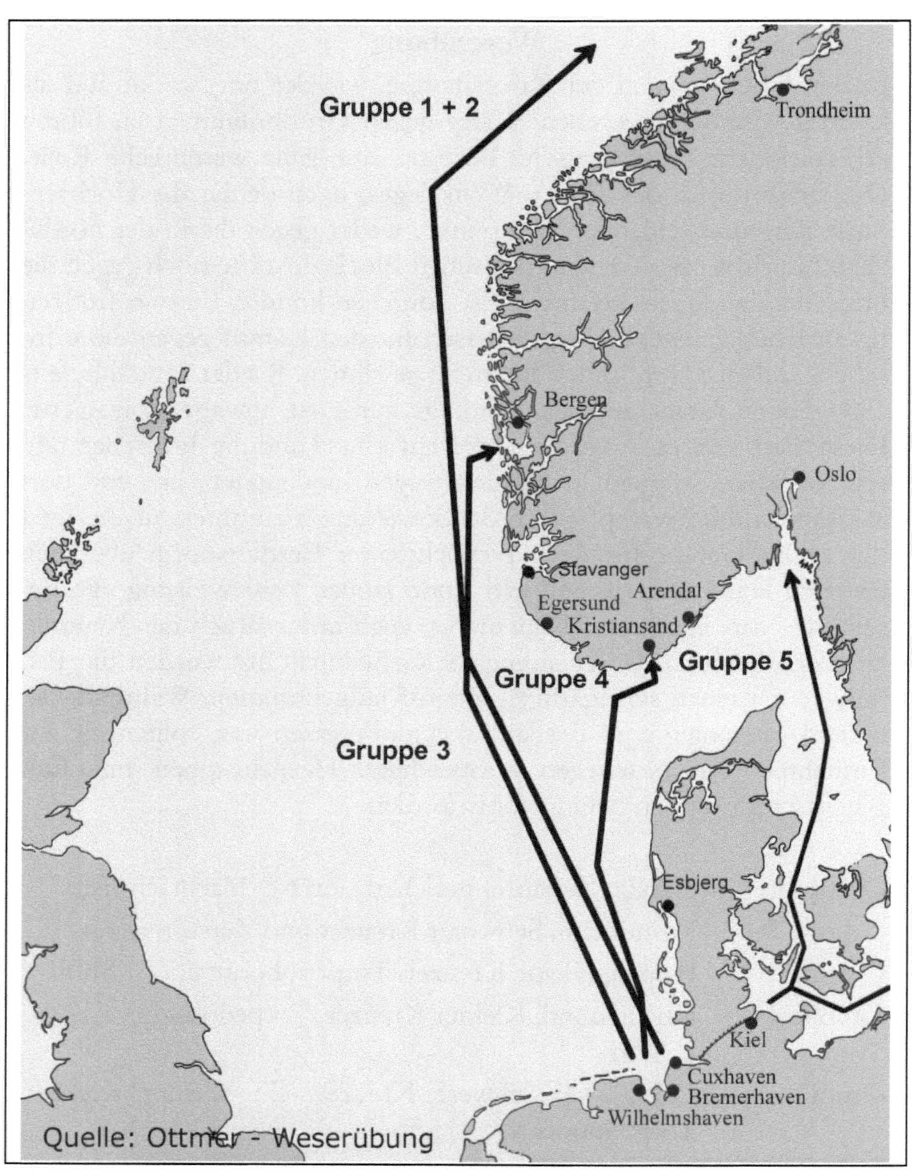

Bild 11 – Aufmarsch Weserübung

In der Folgezeit galt es, wichtigen Nachschub an der norwegischen Küste, vor allem zwischen Kristiansand und Stavanger, zu sichern. Ab Mai 1940 wurden diese Aufgaben auf die Sicherung von Nachschub bis in die Deutsche Bucht hinein erweitert. Dabei stützten sich die Boote auf Stavanger, Wilhelmshaven und Esbjerg ab. Im Rahmen dieser Sicherungsaufgaben kam es in der Nacht 9./10. Mai 1940 zum Zusammenstoß mit einer britischen Kampfgruppe, die auf deutsche Minenleger im Skagerrak angesetzt war. Dabei gelang es S 31 (Oberleutnant zur See Hermann Opdenhoff), den Zerstörer KELLY zu torpedieren, der schwer beschädigt abgeschleppt werden musste. Dies war der erste Erfolg eines Schnellbootes im Zweiten Weltkrieg, und der Kommandant wurde mit dem Ritterkreuz ausgezeichnet.[29] Die Seekriegsleitung (Skl) zeigte sich erfreut: „Der erste herrliche Erfolg unserer Schnellbootswaffe, der in seiner abschreckenden Wirkung auf den Gegner besonders hoch zu bewerten ist."[30] Petersen erhielt am 28. Mai 1940 das Eiserne Kreuz I. Klasse, nachdem er bereits aufgrund seiner Verdienste bei dem Unternehmen „Weserübung" am 10. April 1940 mit dem Eisernen Kreuz II. Klasse ausgezeichnet worden war.

Im Kanal

Bis in das Frühjahr 1940 war es an der Westfront ruhig geblieben. Am 10. Mai begann dann der Überfall auf die Niederlande und Belgien, während gleichzeitig starke Panzerverbände die Ardennen durchquerten und bereits am 14. Mai die Maas überschritten, um in einem „Sichelschnitt" die den Belgiern zu Hilfe kommenden französischen und britischen Truppen einzukesseln.[31] Die Seekriegsleitung sah die Erfolge und forderte den baldigen Einsatz von Schnellbooten. „Die weitere Entwicklung der Landlage läßt eine baldige Bereinigung des nordfranzösischen und westbelgischen Gebietes und damit sehr umfang-

---

[29] Hermann Opdenhoff, Crew 34, Chef der Schnellbootsschulflottille 1942–44, gefallen als Chef der 2. SFltl. am 22.03.1945. Nach ihm ist eine Straße in der 4. Einfahrt Wilhelmshaven benannt.

[30] KTB Skl (A), Bd. 9 vom 09.05.1940, S. 90.

[31] Vgl. Karl-Heinz Frieser: Blitzkrieg-Legende. Der Westfeldzug 1940, München 1995 sowie Militärgeschichtliches Forschungsamt (Hrsg.): Das Deutsche Reich und der Zweite Weltkrieg, Bd. 2, Stuttgart 1979, S. 244 ff.

reiche Räumungsaktionen und Truppentransporte des Gegners aus den Häfen der belgischen und nordfranzösischen Küste erwarten. Zu diesem Zeitpunkt muss die Schnellbootswaffe mit ausreichenden Kräften für den Einsatz in diesem Gebiet zur Verfügung stehen. Es muss mit allen Mitteln angestrebt werden, die Stützpunkte Den Helder und sobald als möglich auch Hoek van Holland als Ausgangshäfen für die Schnellboote auszunutzen. Gegenüber diesen dringenden operativen Erfordernissen muss der gleichfalls wichtige Schnellbootsansatz von der südnorwegischen Küste aus zurücktreten."[32] Daraufhin wurden die 1. und 2. SFltl., als die beiden einsatzbereiten Flottillen, aus dem Sicherungseinsatz herausgelöst und verlegten am 19. Mai mit insgesamt neun Booten und einem Begleitschiff nach Borkum, um von hier aus die ersten Einsätze durchzuführen. Drei Tage später nutzten sie schon den provisorisch hergerichteten Stützpunkt Den Helder, um am 1. Juni bereits nach Rotterdam vorzurücken. Von hier aus bekämpften sie die britischen Schiffe und Boote, die in der Operation „Dynamo" ihre um Dünkirchen eingeschlossenen Truppen nach England zurückführten. Obwohl die Boote jetzt alle mit Mercedes-Motoren ausgestattet waren, traten immer wieder Probleme mit den Maschinenanlagen auf. Mit jeweils nur zwei bis drei klaren Booten konnte daher dieser Abzugsverkehr kaum ernsthaft bedroht werden. Dennoch gelang es den Flottillen in mehrfachen Einsätzen, drei Zerstörer, einen Dampfer und zwei Trawler zu versenken sowie einen vierten Zerstörer zu beschädigen. Die Skl sah dies als „...ein glänzendes Zeugnis für die Brauchbarkeit der deutschen Schnellbootswaffe und die hervorragende Ausbildung der Kommandanten"[33] und folgerte mit Blick in die Zukunft: „Die Ausnutzung der flankierenden Lage der Flandern- und nordfranzösischen Küste zu ... dem Schifffahrtsweg vom Kanal zur Themsemündung eröffnet große Erfolgsaussichten der Schnellboote an diesen Brennpunkten für laufende Seekriegsoperationen."[34] Damit hatte die Schnellbootswaffe nun endgültig den Status einer reinen Hilfs- und Gelegenheitswaffe überwunden.

Der Landfront folgend rückten die Flottillen von Rotterdam über Boulogne nach Cherbourg vor. Nach der Kapitulation Frankreichs

---

[32] KTB Skl (A), Bd. 9 vom 14.05.1940, S. 139.
[33] KTB Skl (A), Bd. 9 vom 31.05.1940, S. 323.
[34] ebenda, S. 323.

am 25. Juni 1940 ordnete der Führer der Torpedoboote (FdT) KzS Hans Bütow, der die Schnellboote in dieser Zeit direkt führte, seine Kräfte neu. Die 1. SFltl. mit den größeren und schnelleren Booten beließ er in Cherbourg, um von dort aus den Geleitverkehr an der Südküste Englands anzugreifen. Die 2. SFltl. sollte dagegen von Boulogne und Ostende aus den Verkehr vor der Themsemündung bekämpfen. Hier hatte die deutsche Funkaufklärung (B-Dienst) zwar die britischen Geleitwege relativ gut erfasst, doch der genaue Zeitpunkt, zu dem die Geleite das in Reichweite der Boote liegende Gebiet passierten, hing weitgehend von der Luftaufklärung ab, die aber zu selten flog, um präzise Meldungen zu liefern.

Gleiches galt prinzipiell auch für das Gebiet der 1. SFltl. Da die hier zuständige Luftflotte 3 aber selbst Angriffe auf Schiffsgeleite vorsah, war die Aufklärung dichter und lieferte Ergebnisse. Ein besonderer Erfolg sollte sich einstellen, als die 1. SFltl. in der Nacht 25./26. Juli 1940 auf den bereits von der Luftwaffe angegriffenen Konvoi CW 8 (Coastal West Nr. 8) stieß und drei Frachter versenkte.

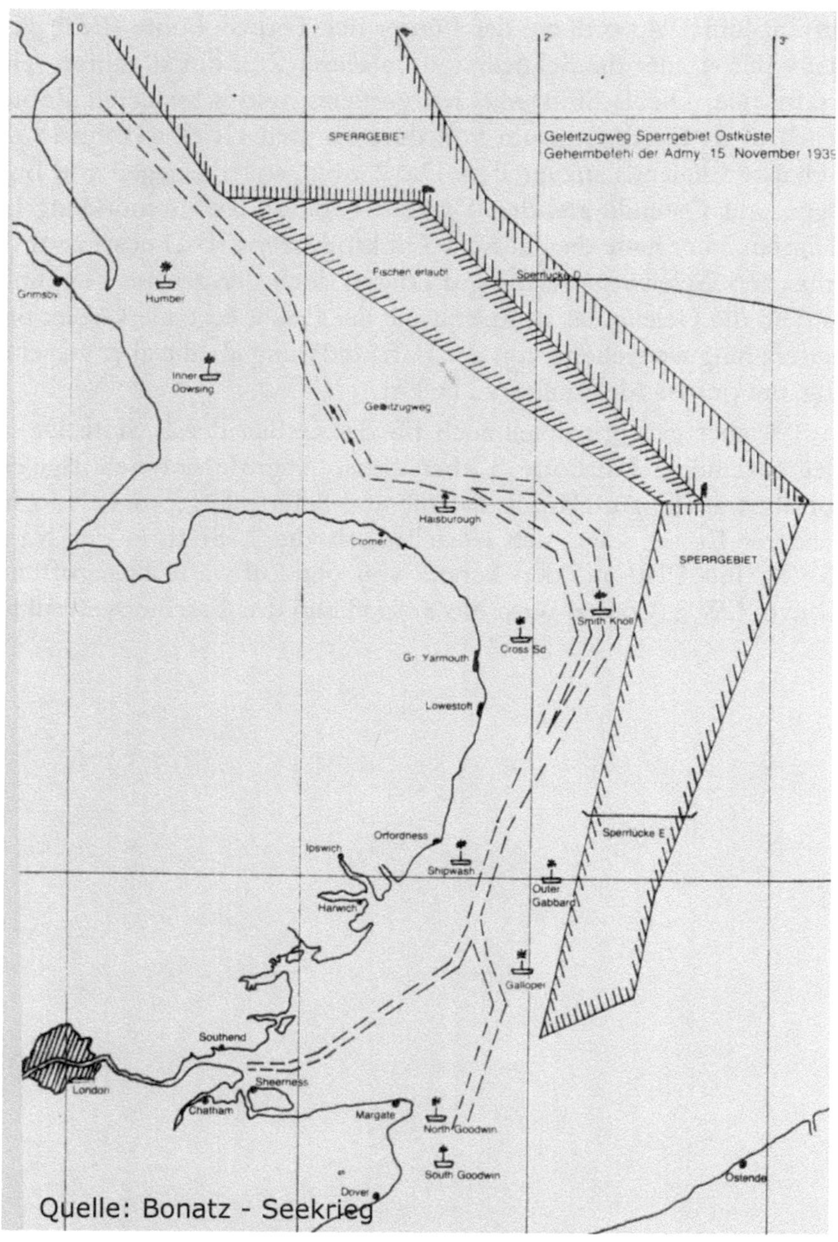

Bild 12 – Britischer Geleitweg an der Ostküste nach Erkenntnissen der deutschen Funkaufklärung

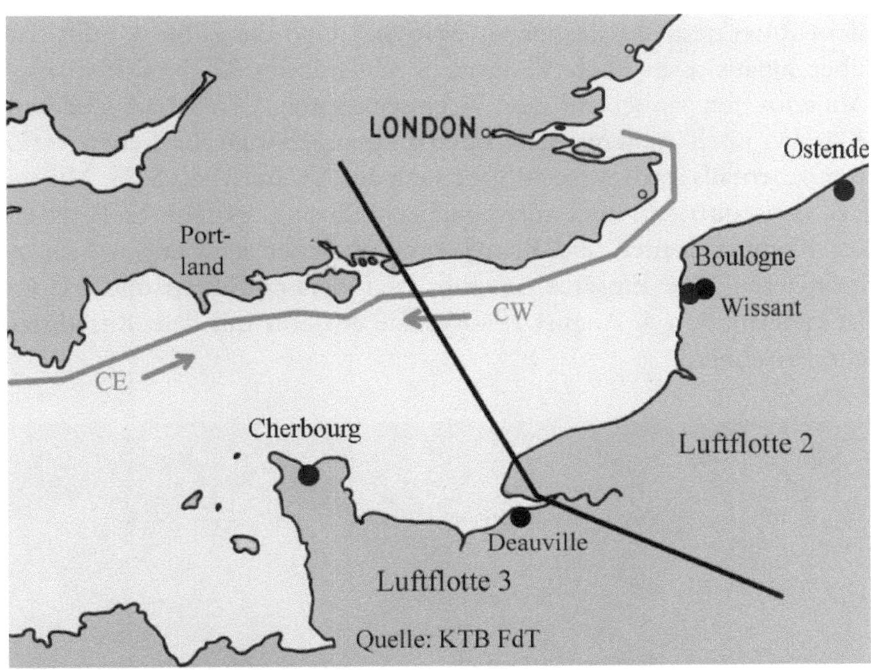

Bild 13 – Britische Geleitwege an der Südküste, in Deauville und
Wissant lagen die Gefechtsstände der Luftwaffe

Minen und Torpedos

Anders war die Lage bei der 2. SFltl. In den Nächten, in denen kein
Geleit zu erwarten war, wurden Minen geworfen, um die gegnerische
Abwehr zu beschäftigen. Das war eine undankbare Aufgabe. Zum
einen arbeiteten die schwer beladenen Boote stark in der See, zum
anderen war es eine navigatorische Herausforderung, mit den auf
Stoppuhr, Magnetkompass und Karte beschränkten Möglichkeiten die
Minen präzise auf den engen Geleitwegen zu werfen, die in der Regel
nicht breiter als drei Kabel (ca. 350 m) waren. Und es galt, die Minen
unbemerkt zu werfen, was ein Umgehen der Gegnerabwehr oder die
Suche nach einem anderen Gebiet erforderte. Das war für die auf
Angriff eingestellten Besatzungen nicht einfach. Hinzu kam ein psychologisches Problem. Minenerfolge wurden seltener erkannt und
anerkannt. Demgegenüber erzielte die 1. SFltl. eindeutig belegbare
Erfolge, zwei ihrer Kommandanten sollten deshalb schon bald mit

dem Ritterkreuz ausgezeichnet werden.[35] Und die 2. SFltl. erlitt darüber hinaus auch noch Verluste. S 32 sank am 22. Juni 1940 nach Minentreffer, wobei mit dem Kommandanten, OltzS Carl Eberhard Koscky, noch weitere sechs Besatzungsangehörige ihr Leben verloren. Ebenfalls nach Minentreffer sank am 12. Juli 1940 S 23. Mit seiner konsequenten, aber fürsorglichen Führung schaffte es Petersen, die Kommandanten und Besatzungen in dieser schwierigen Lage zu motivieren, ihre Einsätze unverdrossen weiterzuführen und Erfolge zu erzielen. Am 4. August 1940 wurde er dafür mit dem Ritterkreuz ausgezeichnet.[36]

Bild 14 – Petersen mit Geschwistern im Herbst 1940, von links Eva, Hans, Rudolf, Karl-Otto, Christel

---

[35] Fimmen und v. Mirbach (14.08.1940).
[36] Der Chef der 1. SFltl, Kptlt. Birnbacher, hatte diese Auszeichnung bereits am 17.06.1940 erhalten.

Doch es gab auch Kritik seines Vorgesetzten. Bei einem Torpedoeinsatz in der Nacht 11./12. Juli 1940 lief S 23 noch vor dem Erreichen des Geleitweges auf eine Mine und musste abgeschleppt werden. Petersen brach den Angriff ab und setzte die übrigen fünf Boote zur Sicherung des Havaristen ein, der später aber doch – glücklicherweise ohne Personalverluste – aufgegeben wurde. „Ich bin in keiner Weise damit einverstanden, dass der Ansatz gegen den Geleitzug wegen des Ausfalls eines Bootes abgebrochen wurde…"[37], notierte der FdT, KzS Bütow, in seinem KTB. Petersen nahm die Kritik hin, sein Verhalten änderte sich aber nicht. Die Sorge um die Sicherheit und den Schutz der eigenen Einheiten und seiner Besatzungen blieb auch im weiteren Verlauf des Krieges ein besonderes Merkmal seiner Führung.

Weitere Einsätze

Im Wechsel zwischen Minenlegen und Torpedoangriffen gingen die Einsätze weiter. Aufklärung wurde nur selten geflogen, seitdem die Luftwaffe vom 13. August 1940 an in der Luftschlacht um England gebunden war. Nicht die Bekämpfung oder Abwehr des Gegners war daher das eigentliche Problem in dieser Zeit, wie Petersen richtigerweise feststellte, sondern das Finden seiner Geleite. Dennoch wurden Erfolge erzielt, allerdings nicht so spektakulär wie bei der U-Boot-Waffe, da die britischen Küstengeleite in der Masse nur aus kleineren Fahrzeugen von 300–800 BRT bestanden.

Ab September 1940 verlegte die neu aufgestellte 3. SFltl. nach Rotterdam und verbreiterte das Einsatzspektrum. Für die Herbst- und Wintermonate mit ihren längeren Starkwindperioden wollte der FdT an den Tagen, die einen Einsatz ermöglichten, verstärkt den Themseverkehr angreifen und verlegte deshalb Mitte Oktober auch die 1. SFltl. von Cherbourg nach Rotterdam. Diese Kräftekonzentration hielt allerdings nicht lange vor, da die Seekriegsleitung auf Bitten der Gruppe Nord dieser bereits Ende Oktober die 1. SFltl. zum Geleitschutz für den Schweren Kreuzer ADMIRAL SCHEER zuteilte. So bemühten sich die 2. und 3. SFltl. alleine, wieder im Wechsel zwischen Minen- und Torpedoeinsätzen, um Erfolge. Petersen mit all

---

[37] KTB FdT vom 12.07.1940, fol. 181.

seiner Erfahrung, dem seemännischen Gespür und taktischem Verständnis führte souverän, wie auch der FdT nach einer seiner mehrfachen Mitfahrten feststellte: „Ich habe an Bord Gelegenheit, mich von der geschickten Führung der Boote durch den Chef 2. SFltl. im Bewachergebiet zu überzeugen."[38] Am gleichen Tag, dem 12. Oktober 1940, verlor die 2. SFltl. mit S 37 durch Minentreffer ihr drittes Boot. Dabei fielen der Kommandant, OltzS Hans Schultze-Jena, und zwölf Besatzungsangehörige.

Als die 1. SFltl. Mitte Dezember von Norwegen zurückkam, zeigte die Konzentration Erfolge. In zwei Einsätzen in der zweiten Dezemberhälfte 1940 wurden insgesamt vier Frachter versenkt. Im Januar und Februar 1941 war fast durchweg schlechtes Wetter mit Eisgang und Starkwind. Gerade sechsmal kamen die Boote an den Gegner, konnten dabei aber dennoch einen Zerstörer und vier Frachter versenken. Inzwischen hatte die Luftwaffe nach Abbruch der Schlacht um England auch ihre Aufklärungsflüge wieder aufgenommen. Als sie am Nachmittag des 7. März 1941 ein aus großen Schiffen bestehendes Geleit meldete, entschloss sich der FdT trotz auffrischendem Wind zum Ansatz aller drei Flottillen. Sie trafen das Geleit, versenkten insgesamt sieben Schiffe mit zusammen 13.000 BRT und retteten bei der widrigen Wetterlage noch mehrere britische Seeleute. Das war der größte Erfolg, den die Schnellbootswaffe bislang in einer Nacht erzielt hatte.

Dieser Erfolg konnte so schnell nicht wiederholt werden, denn nun traten die Maßnahmen für einen „vorgesehenen Ausbildungsabschnitt der Front-Flottillen in der Heimat"[39] in Kraft, wie die Tarnbezeichnung für den Aufmarsch gegen die Sowjetunion in der Ostsee lautete. Nur die neu aufgestellte 4. SFltl. sollte die Stellung im Kanal halten, während die 1., 2. und 3. SFltl. in die Ostsee verlegten. Die 2. SFltl. rüstete dabei auf neue Boote vom Typ 38 um, bei denen zum ersten Mal die Brücke nicht vor dem Steuerstand, sondern auf ihn aufgesetzt war.

Petersen wurde in dieser Zeit zusammen mit seinem Flottilleningenieur Gördes von seiner Aufgabe entbunden, um den Einsatz in

---

[38] KTB FdT vom 12.10.1940, fol. 71.
[39] KTB FdT vom 04.05.1941, fol. 100.

der Ostsee vorzubereiten. „Die unter großen Schwierigkeiten und vollster Geheimhaltung sehr gut durchgeführten Maßnahmen sind ausgesprochen das Verdienst dieser beiden Offiziere", lobte der FdT, nachdem die Operationen angelaufen waren.[40]

Bild 15 – Boot mit Tarnbemalung, wie Petersen es für den Einsatz aus den finnischen Schären heraus empfohlen hatte. Später kehrten die Boote wieder zu dem „weißen" Anstrich zurück.

Die Bedeutung der „neuen Waffe" wurde nach dem 30. Mai 1941 auch äußerlich sichtbar, als durch Erlass des Oberbefehlshabers der Kriegsmarine, Großadmiral Erich Raeder, das Schnellboots-Kriegsabzeichen eingeführt wurde. Vorher konnten die Schnellbootsbesatzungen mit dem Zerstörer-Kriegsabzeichen ausgezeichnet werden.[41] Die Aushändigung dieses neuen Abzeichens erfolgte vermutlich erst nach dem Ostsee-Einsatz, denn auf Fotos dieser Zeit sind Offiziere

---

[40] KTB FdT vom 22.06.1941, fol. 141.
[41] Erlass vom 30. Mai 1941 mit Verleihungsbedingungen vom 17. Juni 1941, vgl. Kurt-G. Klietmann: Auszeichnungen des Deutschen Reiches 1936–1945, Stuttgart 1996, S. 136 ff.

noch mit dem Zerstörer-Kriegsabzeichen zu sehen. Das Kriegsabzeichen wurde im Januar 1943 auf Vorschlag Petersens geändert, um ein moderneres Boot abzubilden.

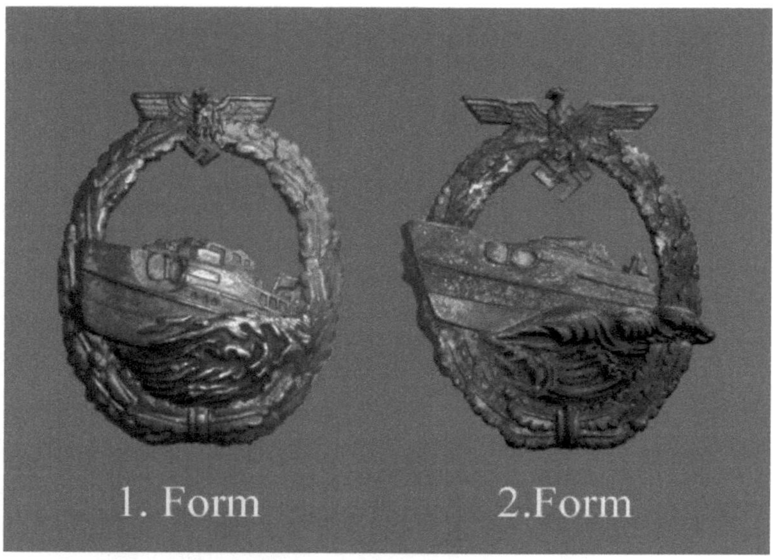

Bild 16 – Schnellboots-Kriegsabzeichen in zwei Formen

Gegen die Sowjetunion

Mit der Weisung Nr. 21: Fall Barbarossa vom 18.12.1940 hatte Hitler Heer, Luftwaffe und Kriegsmarine Aufgaben für den Überfall auf die Sowjetunion zugeteilt. Die Kriegsmarine sollte dabei unter Sicherung der eigenen Küste ein Ausbrechen feindlicher Seestreitkräfte aus der Ostsee verhindern. Zur Umsetzung dieser Weisung sah die Seekriegsleitung (Skl) den Einsatz von Minenlegern, Schnellbooten, U-Booten, Minensuchbooten und U-Jägern vor. Durch eine Reihe von Minensperren sollte die sowjetische Flotte am Ausbruch aus dem Finnischen Meerbusen gehindert und dann von der Luftwaffe bekämpft werden. Den Schnellbooten fiel dabei die Aufgabe zu, die Minenleger zu schützen und selbst kleinere Sunde und Hafeneinfahrten zu verminen. Die U-Boote hatten die mittlere Ostsee zu überwachen, während dort U-Jäger nach eventuell durchgebrochenen sowjetischen U-Booten suchen sollten. Die Minensuchverbände hatten indessen die

Zufahrtwege für die eigenen Verbände frei zu halten. Paradoxerweise folgte die Sowjetunion einem ähnlichen Ansatz. Auch sie legte Minensperren, aber um den Deutschen das Eindringen in den Finnischen Meerbusen zu verwehren und ihre Häfen zu schützen.[42]

Erst unmittelbar vor dem Angriffsbeginn am Morgen des 22. Juni 1941 wurden die Schnellbootsflottillen in ihre Ausgangspositionen vorgezogen. Für die 1. und 2. SFltl. waren dies die finnischen Schären bei Helsinki bzw. Turku. Die 3. SFltl. verlegte nach Pillau und die neu aufgestellte 5. SFltl. nach Gotenhafen (Gdingen). Dann begannen bereits in den frühen Morgenstunden des 22. Juni die Minenlegeoperationen am Eingang zum Finnischen Meerbusen. Tage vorher waren bereits drei große Minensperren zwischen Memel und der schwedischen Insel Gotland gelegt worden. Fast parallel dazu verlegten jetzt auch die Sowjets Minen, was für die 2. SFltl. verhängnisvoll war, denn auf dem Rückmarsch von einer Sicherung gerieten S 43 und S 106 auf eine kurz zuvor gelegte sowjetische Minensperre und sanken mit insgesamt 19 Besatzungsangehörigen.[43] Das war bitter, und es bedurfte erneut der fürsorglichen Führung Petersens, um den Einsatz konsequent weiter durchzuhalten.

Nach den Minenoperationen wurden Angriffe gegen Handelsschiffe unter der Küste gefahren. Es gab aber nur selten Erfolge, da die sowjetische Seite den Küstenverkehr fast völlig eingestellt hatte. Auch die Aktivitäten der Baltischen Rotbannerflotte waren spärlich, ihre sporadischen Angriffe auf die Minenleger und den Nachschubverkehr für die vorrückenden deutschen Truppen konnten von den Schnellbooten immer wieder erfolgreich abgewehrt werden. Inzwischen reduzierten jedoch Motorenausfälle in bislang nicht gekannter Höhe die Zahl der einsatzbereiten Boote. Ende Juni waren von insgesamt 29 Booten gerade noch 12 kriegsbereit (KB). Die 2. SFltl. verlegte deshalb mit ihren vier einsatzklaren Booten nach Süden, um dort die 3. SFltl. zu unterstützen. Doch die Motorenprobleme hörten nicht auf. Ende August war sogar nur noch ein Boot einsatzklar. Den anderen Flottillen erging es ähnlich.

---

[42] Vgl. Militärgeschichtliches Forschungsamt (Hrsg.): Das Deutsche Reich und der Zweite Weltkrieg, Bd. 4, Stuttgart 1983, S. 319 ff und S 559 ff sowie KTB Skl (A), Bd. 17 vom 30.01.1941, S. 401 ff.
[43] Dabei wurde der Kommandant von S 43, OltzS Klaus Feldt, schwer verwundet.

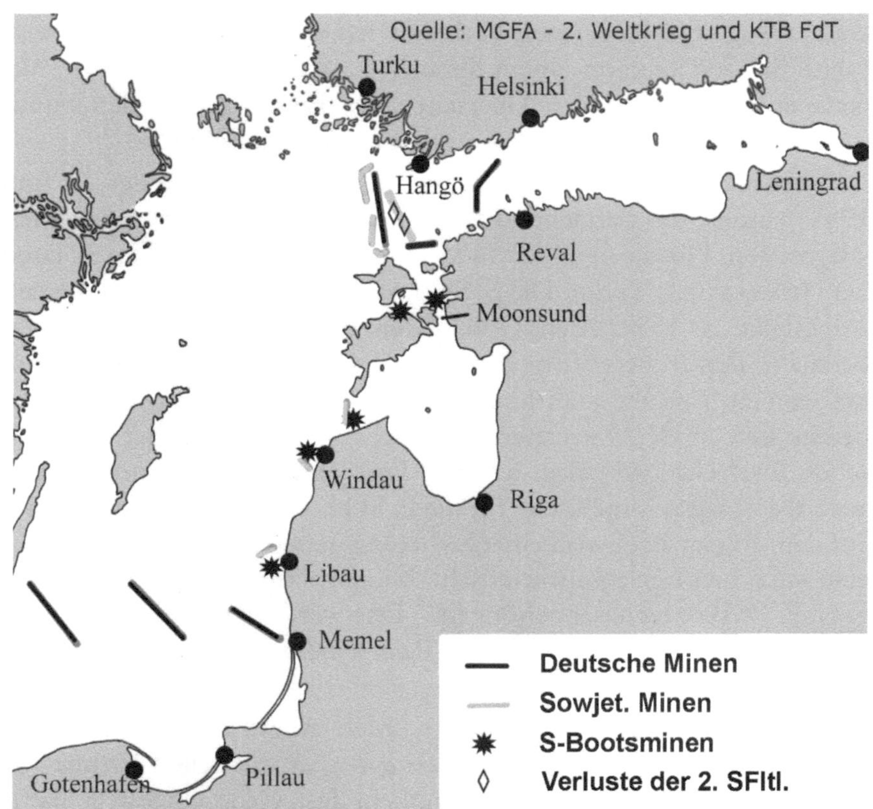

Bild 17 – Minensperren in der Ostsee

Als die Reste der sowjetischen Flotte am 28. August 1941 aus dem von deutschen Truppen eingeschlossenen Reval ausbrachen, stand nur noch die 1. SFltl. mit drei Booten zum Angriff bereit. Allerdings erfolglos, das Feuer des Schweren Kreuzers KIROV und der 12 begleitenden Zerstörer verhinderten jede Annäherung auf Torpedoschussentfernung. Bei Tageslicht, das war schon die Erfahrung aus dem Kanal, kamen Schnellboote nicht an kampfstarke Überwassereinheiten heran. Mit über 100 Fahrzeugen und 20.000 Mann Heerestruppen an Bord entkam der Gegner nach Kronstadt, um dort die Verteidigung Leningrads zu unterstützen.

Während die Boote der 2. SFltl. zur Instandsetzung in Kiel lagen, erlitt Petersen, der schnelle Autos liebte, einen schweren Verkehrsunfall und lag fast einen Monat im Krankenhaus mit anschließender zeitweiliger Borddienstuntauglichkeit. Seine Nachfolge als Flottillenchef trat Kptlt. Klaus Feldt, ehemals Kdt. von S 43, am 20. Oktober 1941 an. Während sich auch die übrigen Flottillen nach Instandsetzung sammelten und auf den Einsatz im Westen bzw. im Schwarzen Meer (1. SFltl.) oder Mittelmeer (3. SFltl) vorbereiteten, trat Petersen nach Genesung zum Stab des FdT. Seine Aufgabe: Planung des Marsches der neu aufgestellten 8. SFltl. in das Nordmeer.[44] Er erledigte auch diese operative und logistische Aufgabe mit der ihm eigenen Akkuratesse erfolgreich, der Marsch der 8. SFltl. über 1.500 sm nach Nordnorwegen verlief ohne Probleme. Sicherlich gab dies den letzten Ausschlag dafür, ihn für die Führungsaufgabe im Bereich der Schnellboote auszuwählen.

Bild 18 – Seine Liebe zu schnellen Autos ließ ihn auch später nicht los. Hier sein Dienstwagen 1942, ein Packard Coupe Twelve V 12 mit 7,7 Litern und 175 PS

---

[44] Am 18.11.1941 trat die 8. SFltl. die 1.500 sm lange Fahrt nach Norden an und war bis zur Ablösung durch die 6. SFltl. am 23.06.1942 im Semskefjord bei Kirkenes stationiert.

Bild-19 – Petersen bei der Übergabe der 2. SFltl.; noch sichtlich gezeichnet von dem vorangegangenen Unfall

Führer der Schnellboote

Zum 20. April 1942 trat mit Weisung des Oberkommandos der Marine eine neue Organisation für die Kriegsmarine in Kraft. Die Dienststelle des Führers der Torpedoboote (FdT) wurde aufgelöst und die bisher von ihm geführten Torpedobootsflottillen traten unter das Kommando des Führers der Zerstörer (FdZ). Für die von dem FdT bislang ebenfalls geführten Schnellboote wurde der „Führer der Schnellboote" (FdS oder auch FdSchnell[45]) neu geschaffen.[46] Damit hatte diese neue Waffe ihre Selbstständigkeit erreicht und mit Rudolf Petersen wurde einer aus ihren Reihen ihr neuer Befehlshaber. Es war ungewöhnlich, dass ein 36-jähriger Korvettenkapitän mit dieser Aufgabe betraut wurde, hatten doch die anderen vergleichbaren Befehlshaber wesentlich höhere Dienstgrade.[47] Aber die Entscheidung, einen aus der Waffe selbst Kommenden an die Spitze dieses neuen Verbandes zu bestellen, sollte sich als richtig und als kluge Investition in die Zukunft erweisen. Doch diese nun auch offizielle Anerkennung der neuen Waffe hatte auch ihre Schattenseiten. Begehrlichkeiten auf anderen Kriegsschauplätzen wurden deutlich. Seit dem Winter 1941/42 war die 8. Schnellbootsflottille (SFltl.) bereits in Nordnorwegen, um dort – allerdings erfolglos – gegen sowjetische Einheiten vor Murmansk eingesetzt zu werden. Ihr folgte im April 1942 die 6. SFltl., die – ohne eine Einsatzmöglichkeit gehabt zu haben – im August 1943 wieder zurückkehrte. Im Dezember 1941 fuhr die 3. SFltl. im Mittelmeer bereits ihre ersten Einsätze zur Verminung des Hafens Valetta auf Malta. Ab Mai 1942 folgte sie Rommels Vorstoß über Derna und

---

[45] Im Kriegstagebuch der Seekriegsleitung wird des Öfteren auch die Bezeichnung FdSchnell benutzt.

[46] Gem. Vfg. OKM Skl Qu AII 35/42 g.Kdos. v. 07.07.42, zitiert in: KTB FdT vom 20.04.1942, fol. 289.

Als Kommandozeichen führte der FdS den „Führerstander", Doppelstander an fliegender Rah, vergleichbar dem Flottillenstander der Deutschen Marine seit 1956. MDv Nr. 53 – Flaggen-, Salut- und Besuchs-Ordnung für die Kriegsmarine v. 21.03.1932, Nachdruck 1941.

[47] So im Frühjahr 1942: Führer der Zerstörer, Konteradmiral Bey; Führer der Minensuchverbände Ost, Konteradmiral Böhmer; Führer der 1 – 5. Sicherungsdivision, alle Kapitäne zur See; vgl. Walter Lohmann und Hans H. Hildebrand: Die Deutsche Kriegsmarine 1939–1945, Bd. I, Bad Nauheim 1956.

Tobruk bis nach Marsa Matruh, sicherte die Seeseite des Afrika -
Korps und griff immer wieder erfolgreich britische Geleite nach Malta an. Im Winter 1942/43 verlegte auch noch die 7. SFltl. in das Mittelmeer. Die 1. SFltl. befand sich im April 1942 auf der Verlegung in
das Schwarze Meer, wo sie ab Anfang Juni 1942 vor der Krimfestung
Sewastopol den Nachschub- und Abzugsverkehr bekämpfte. Später
verlegte sie an die Ostseite der Krim, um von dem Stützpunkt Iwan
Baba, südlich Feodosija, aus gegen den sowjetischen Nachschub unter
der Kaukasusküste Einsätze zu fahren.

Diese auf den anderen Kriegsschauplätzen eingesetzten Flottillen
unterstanden Petersen zwar truppendienstlich, wie er auch verantwortlich war für die technische und waffenmäßige Weiterentwicklung
der Boote, operativ wurden sie jedoch von den dortigen Seebefehlshabern geführt.[48] Um sich ein Bild von den Verhältnissen bei den
abgesetzten Flottillen zu machen, flog Petersen, sofern dies der Einsatz erlaubte, in die Stützpunkte am Mittelmeer und Schwarzen Meer.
Dort besichtigte er Boote, Waffen und Gerät und sprach mit den
Kommandanten und Besatzungen über notwenige Verbesserungen,
vor allem an den Motoren und der Bewaffnung, fragte nach der
Zweckmäßigkeit der Ausbildung und tauschte Erfahrungen über den
Gegner und die Angriffstaktiken aus.

---

[48] In Nordnorwegen führte der „Admiral Nordmeer", im Mittelmeer das „Deutsche
Marinekommando Italien" und im Schwarzen Meer der „Admiral Schwarzes Meer".
Einzelheiten dazu bei Hans Frank: Die deutschen Schnellboote im Einsatz – von
den Anfängen bis 1945, Hamburg 2006; sowie Gerhard Hümmelchen: Die Deutschen Schnellboote im Zweiten Weltkrieg, Hamburg 1996.

Bild 20 – Besuch bei der 1. SFltl. im Schwarzen Meer im
Sommer 1943

Einsatzmäßig führte Petersen selbst die Flottillen im Gebiet Kanal
/ Nordsee von der Befehlsstelle in Scheveningen bei Den Haag aus.
Im Folgenden werden daher auch nur die Einsätze in diesem Gebiet
betrachtet. Seine operativen Weisungen erhielt der FdS von der
Gruppe West in Paris[49], während er truppendienstlich dem Flotten-
kommando unterstand.[50]

Die britische Abwehr

Ähnlich wie auf der deutschen Seite wurde auch bei der Royal Navy
die Bedeutung der kleinen Einheiten beim Kampf um das Küstenvor-

---

[49] Das Marinegruppenkommando West (allg. „Gruppe West") wurde im August
1939 aufgestellt. Nach der Besetzung Frankreichs führte es operativ die Seestreitkräfte von Den Helder bis zur spanischen Grenze. Vgl. Walter Lohmann und Hans
H. Hildebrand: Die Deutsche Kriegsmarine 1939–1945, Bd. I, Bad Nauheim 1956,
S. 40-6.
[50] ebenda, S. 51-2.

feld erst im Kriege erkannt. Aber die Briten reagierten in ihrer pragmatischen Art schnell und konsequent. Zum einen legten sie ein umfassendes Bauprogramm auf und unterschieden dabei nach Motor-Torpedo-Boats (MTBs) als Angriffswaffe gegen die deutsche Schifffahrt, Motor-Gun-Boats (MGBs) zur Abwehr deutscher S-Boote und Motor-Launches (MLs) zur Geleitsicherung. Zum anderen schuf die Royal Navy ein eigenes Kommando, welches verantwortlich war für Personal, Ausbildung, Nachschub, Instandsetzung, Verfolgung der aufgelegten Bauprogramme und Weiterentwicklung der Waffen. Und sie erstellte ein neues Trainingszentrum im schottischen Fort William und richtete im Juli 1942 ein Seeausbildungszentrum im südenglischen Weymouth bei Portland ein.[51] Alle neuen Boote durchliefen hier mit ihren Besatzungen ein vier- bis achtwöchiges intensives und forderndes Einsatzausbildungsprogramm. Erst nach dessen Bestehen wurden sie den Flottillen der Bereichsbefehlshaber zugeteilt. Anders als auf deutscher Seite hatte die Royal Navy keine Besetzungsprobleme, konnte sie doch auf ein großes Reservoir von Reserveoffizieren aus der Handels- und Fischereiflotte einer seefahrenden Nation zurückgreifen.

Mit dem Zulauf der neuen Boote auf britischer Seite wurde auch die Abwehr gegen die deutschen S-Boote systematisiert. Die Motor-Launches (MLs) standen direkt am Geleit, während die Motor-Gun-Boats (MGBs) auf den Anmarschrouten bzw. den Rückwegen patrouillierten. Vielfach operierten sie auch nach Aufklärungsmeldungen der Royal Air Force, die seit dem Sommer 1941 begonnen hatte, regelmäßig die wesentlichsten Anmarschwege der S-Boote wie auch die Routen des deutschen Schiffsverkehrs unter der Küste aufzuklären und anzugreifen.

Um der Minenbedrohung Herr zu werden, hatte die Royal Navy die Zahl ihrer Minenabwehrfahrzeuge in zwei Jahren mehr als verdoppelt und begonnen, die Geleitwege erst kurz vor dem Geleit freizuräumen, um damit die von den S-Booten gelegten Minen noch rechtzeitig neutralisieren zu können.

---

[51] Dies kann durchaus als Geburtsstunde des späteren Flag Officer Sea Training (FOST) angesehen werden.

Vor allem gab es eine effiziente Zusammenarbeit zwischen der Royal Navy und der Royal Air Force. Bei der Marine unterstanden die Kräfte gebietsweise einem einheitlichen Kommando, wozu die englische Küste in geografisch begrenzte Befehlsbereiche aufgeteilt war. Gleichermaßen war auch die Royal Air Force organisiert. Ihr Befehlsbereich der 16. Group deckte sich mit den beiden Marinebereichen Nore und Portsmouth. Dabei wurden Nore und 16. Group aus dem gemeinsamen Hauptquartier Chatham bei London geführt.

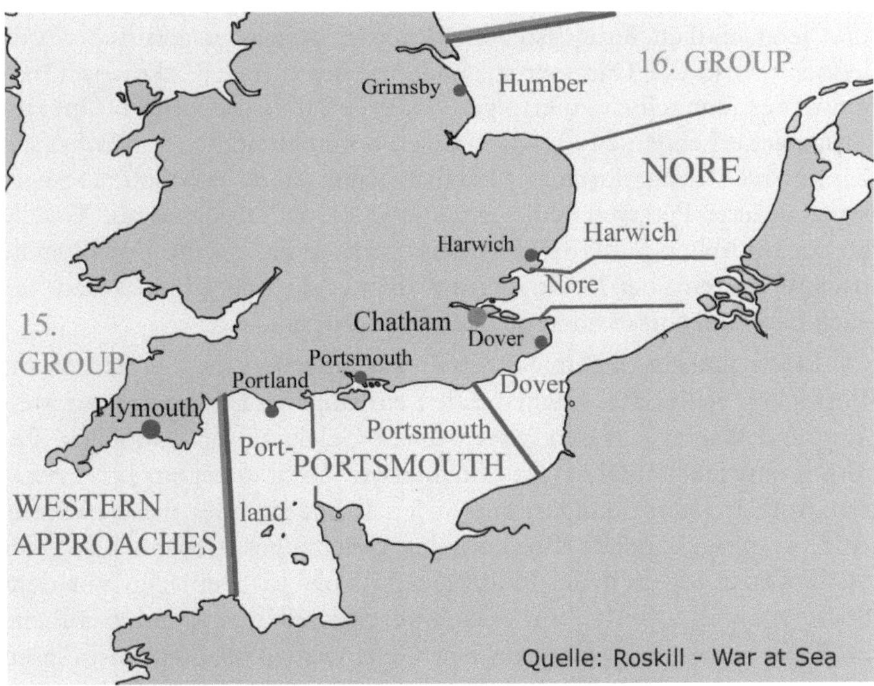

Bild 21 – Britische Bereichsgrenzen

Das war eine Organisation, von der die Kriegsmarine nur träumen konnte, gab es doch hier weiterhin das Nebeneinander von Marine und Luftwaffe. Einer Luftwaffe, die auf ihre Eigenständigkeit pochte und keinesfalls bereit war, auf die Notwendigkeiten des Seekrieges als strategischem Element dieses Weltkrieges einzugehen, der – wie Petersen es schon 1939 vorhergesagt hatte – ein Seekrieg war.[52]

Neuer operativer Ansatz

Die Folge der engen Zusammenarbeit auf britischer Seite war, dass, sobald Meldungen über deutsche Boote in See einliefen, Jagdbomber aufstiegen, um sie noch bei Tageslicht zu bekämpfen. Diese permanente Luftbedrohung wirkte sich auf die Schnellbootsoperationen aus. Tagsüber lagen die Boote in den bereits vom FdT geforderten und jetzt endlich fertiggestellten Bunkern sicher, ausgelaufen wurde jedoch erst in der Dämmerung und Anmarsch und Rückmarsch hatten in der Dunkelheit zu erfolgen. Das schränkte die Zeit im Operationsgebiet erheblich ein. In den kurzen Sommernächten war daher ein Einsatz vor der britischen Ostküste kaum noch möglich. Deshalb konzentrierte Petersen seine Ansätze in diesen Monaten auf Geleite an der britischen Südküste. Er selbst verlegte dazu seine Befehlsstelle nach Wimereux bei Boulogne, um dichter an den Einsatzorten wie auch den Gefechtsständen der Luftwaffe zu sein.

Doch auch in diesem Seegebiet war aufgrund der Kürze der zur Verfügung stehenden Nachtstunden ein längeres Liegen in Lauerstellung und Warten auf den gegnerischen Geleitzug nicht möglich. Petersen entwickelte daher den „Stichansatz". Voraussetzung dafür waren Aufklärungsmeldungen durch den B-Dienst oder die Luftwaffe. Auf die vorgekoppelte Position des Geleitzuges erfolgte dann der Stich. Dazu zog sich die Flottille ca. 10 bis 15 Seemeilen vor dem Stichpunkt auseinander, um in ca. zwei Seemeilen Abstand von Rotte zu Rotte mit Schleichfahrt auf den Geleitweg zuzulaufen. Mit diesen Abständen sollte die Entdeckungswahrscheinlichkeit des Geleitzuges erhöht werden. Wurde kein Fahrzeug gesichtet, hatten die Rotten jeweils nach Westen bzw. nach Osten aufzuklären. Zur einfacheren Befehlsgebung war der Geleitweg alle zwei Seemeilen mit Bezugspunkten markiert. Der erste Einsatz in dieser Form stieß noch ins Leere, da die Abstände zwischen den Rotten zu klein waren. Dagegen wurde der Angriff auf ein Ostgeleit am 8./9. Juli 1942 zu einem Er-

---

[52] Vgl. hierzu: Sönke Neitzel: Der Einsatz der deutschen Luftwaffe über dem Atlantik und der Nordsee 1939–1945, Bonn 1995.

50

folg. Sechs Fahrzeuge mit insgesamt 12.000 BRT konnten versenkt werden.

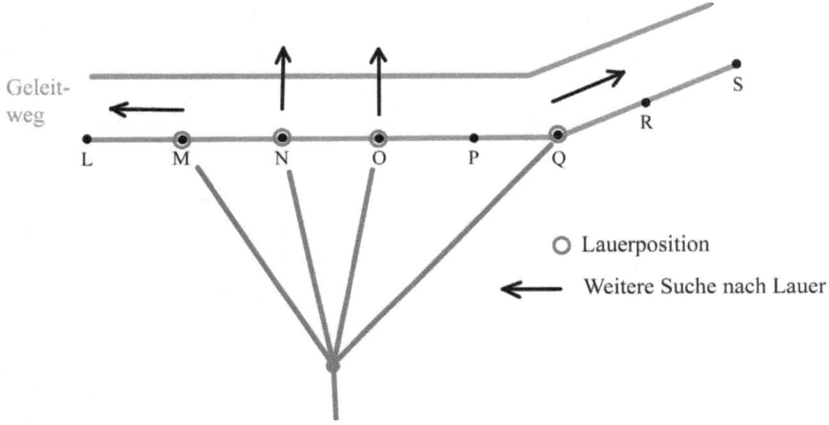

Bild 22 – Der Stichansatz

Um über Meldungen des sehr effizient arbeitenden deutschen Funkbeobachtungsdienstes (B-Dienst) noch rascher informiert zu werden, holte sich Petersen eine Entzifferungsstelle dieses B-Dienstes direkt in sein Lagezimmer. KzS Heinz Bonatz, in dieser Zeit Chef der Marine-Funkaufklärung, beschreibt es so: „Sobald der B-Funker eine Aufnahme niederschrieb, schaute ihm der Entzifferer über die Schulter und setzte die gelesenen Zeichen mithilfe seiner Schlüsseltafeln in Klartext um, sodass fast gleichzeitig mit Beendigung der Aufnahme deren vollständiger Wortlaut vorlag. Da dies im Lagezimmer selbst vor sich ging, nur durch einen Vorhang abgeschottet, hatte der FdS die Feindnachricht nur mit Sekundenverzögerung in den Händen.“[53]

Damit war Petersen in der Lage, sofort festzustellen, ob die Boote entdeckt waren und welche Maßnahmen der Gegner ergriff. Mithilfe einer selbst entwickelten Kurzsignaltafel, der sogenannten „Schnep-

---

[53] Heinz Bonatz: Die Deutsche Marine-Funkaufklärung 1914–1945, Darmstadt 1970, S. 156.

fentafel"[54], warnte er nicht nur die eigenen Einheiten, sondern führte sie auch ganz gezielt um lauernde Zerstörer / MGBs herum. Er griff so – und das sollte sich im Verlauf des Krieges noch verstärken – deutlich in laufende Operationen ein und nahm damit Abstand von der bislang geltenden Auffassung, dass der Führer in See allein entscheiden solle, da er die bessere Übersicht über die taktische Lage habe. Eine Auffassung, die die Seekriegsleitung im Prinzip bis zum Ende des Krieges vertrat.[55] Doch Petersen sah sich mit dem besseren Lagebild als die „blinden" Boote in See auch in der Verantwortung zu führen, erst mit Feindberührung hatten die Flottillen- / Rottenführer Handlungsfreiheit. Aber schon auf dem Rückmarsch griff er wieder mit Warnungen oder Kursanweisungen in das Geschehen ein. Er selbst unterwarf sich bei seinen öfteren Mitfahrten auch diesem Gebot und ließ sich von seinem Vertreter im Lagezimmer führen, solange er selbst in See stand.

Die guten Ergebnisse der Funkaufklärung nutzend wollte Petersen auf diesem Gebiet dem Gegner keine Angriffsfläche bieten, denn er unterstellte der britischen Seite grundsätzlich die gleichen Fähigkeiten zum Abhören der deutschen Funkfrequenzen. Die Flottillen erhielten daher strikte Weisung, Funkstille bis zum ersten Auftreffen auf den Gegner zu halten. Die Geräte für Funk und Sprechfunk wurden bereits im Bunker abgestimmt, um so kein Anzeichen für ein bevorstehendes Auslaufen zu liefern.

---

[54] Eine Original-Schnepfentafel konnte bislang in den Archiven nicht gefunden werden.

[55] Vgl. hierzu: Schuur/Martens/Koehler: Führungsprobleme der Marine im Zweiten Weltkrieg; Freiburg 1986; sowie die Analyse des Bismarck-Unternehmens; in: Gerhard Wagner (Hrsg.): Lagevorträge des Oberbefehlshabers der Kriegsmarine vor Hitler 1939–1945, München 1972, S. 239 ff. Auch im Falle des Panzerschiffes ADMIRAL GRAF SPEE griff die Skl trotz klarer Erkenntnisse nicht ein. Vgl. KTB Skl (A), Bd. 4 vom 13.12.1939, S. 92 ff und vom 16.12.1939, S. 123 ff.

Bild 23 – Lagezimmer des FdS im Herbst 1942, von links: Schultz,
1. Adm.Stabsoffz., Petersen, Feldt, Chef 2. SFltl., Bätge, Chef 4. SFltl,
v. Mirbach, Kdt. 4. SFltl. In dem Kriegsmarinefilm „Asse zur See"
werden sie als Führer von drei Kampfgruppen bezeichnet.

Bild 24 – Befehlsstelle des FdS in der
Villa Sandhage – Scheveningen

Neben diesen operativen Ansätzen sah Petersen auch die Notwendigkeit, die Ausbildung zu optimieren. Dazu wurde am 1. Oktober 1942 eine Schnellbootsschulflottille in der Ostsee mit Stützpunkt Swinemünde aufgestellt. Hier sollten die Besatzungen neu zulaufender Boote in einem intensiven Training einsatzfähig und neue Flottillen in gemeinsamen Ausbildungsabschnitten mit allen Eventualitäten des Fronteinsatzes vertraut gemacht werden. Erster Chef der Schulflottille wurde der erste Ritterkreuzträger Hermann Opdenhoff mit einem Team von einsatzerfahrenen Offizieren und Unteroffizieren. Erfahrungen von der Front wurden von jetzt an unmittelbar an die Schulflottille weitergeleitet und flossen so direkt in die Ausbildung ein. Auch in diesem Bereich verloren die Flottillenchefs etwas von ihrer Eigenständigkeit, denn Petersen kam es darauf an, dass im gesamten Schnellbootsverband nach gleichen Grundsätzen ausgebildet und gefahren wurde. Dazu gehörten feste Formationen, Kurzzeichen-Signalgebung, verbindliche Geschwindigkeitsstufen, einheitliche Schießverfahren und eine klare Befehls- und Meldesprache. Dies alles war zwingend, sollten doch die Flottillen mehr und mehr gemeinsam zum Einsatz kommen und auch Boote zeitweilig bei anderen Flottillen mitfahren, um Verluste auszugleichen oder um Schwerpunkte zu bilden.

Wie richtig dieser Ansatz war, zeigte sich im Herbst 1942, als endlich die Zahl der einsatzbereiten Kräfte stieg. Die neu aufgestellte 5. SFltl. trat hinzu, ebenso wie die aus Norwegen zurückgekehrte 8. SFltl. Mit nunmehr drei Flottillen konnte Petersen in den längeren Herbst- und Winternächten auch die Geleite vor der britischen Ostküste wieder ins Visier nehmen. Er selbst führte wieder von Scheveningen aus. Die 5. SFltl. beließ er in Cherbourg, um die südliche Flanke nicht völlig zu entblößen.

Auch hier an der Ostküste war der Stich wieder der taktische Ansatz, doch in modifizierter Form. Denn die Bedingungen hatten sich inzwischen verschlechtert. Bis zum Herbst 1942 war der gesamte Nore-Bereich, der vom Humber bis Dover reichte, mit Radaranlagen ausgestattet. Damit konnte die britische Seite jetzt das Küstenvorfeld bis zu 20 Seemeilen hin lückenlos überwachen. Des Weiteren liefen die ersten neugebauten Geleitzerstörer der HUNT-Klasse zu, die ebenfalls über Radaranlagen verfügten. Eine Annäherung an die Geleitroute mit Schleichfahrt war jetzt nicht mehr möglich. Daher galt es nun, vom Trennpunkt aus mit Höchstgeschwindigkeit auf den Geleitweg zu laufen und dann möglichst auf den Gegner zu treffen. Die ersten dieser Ansätze verliefen jedoch ohne Erfolge, da die Luftaufklärung völlig ausfiel und die Funkpeilungen der Geleitzüge zu ungenau waren.

Bild 25 – Brit. Geleitzerstörer der HUNT-Klasse

Von einem dieser vergeblichen Ansätze zurückkehrend, prallten die Flottillen in der Nacht 10./11. September 1942 auf der Braunen Bank[56] mit einer dort lauernden MGB-Gruppe zusammen. In dem einsetzenden Feuergefecht wurden mehrere deutsche Boote beschädigt, doch es gelang ihnen, MGB 335 so zu treffen, dass es liegen blieb und die Besatzung von einem anderen MGB abgeborgen wurde. Während die britische Seite glaubte, dass das Boot gesunken sei, wurde es von zwei S-Booten geentert, dann unterfangen und eingeschleppt. Erbeutet wurden Geheimunterlagen sowie umfangreiches

---

[56] Die Braune Bank, etwa auf der Hälfte zwischen englischer Ostküste und den holländischen Häfen gelegen, wurde von den deutschen Booten vielfach zur Navigationskontrolle mittels Lotreihen genutzt.

Kartenmaterial mit den Geleitwegen und den Bewacherpositionen. Es gelang Petersen, die Einbringung des Bootes nicht öffentlich werden zu lassen, der Wehrmachtsbericht sprach von der Vernichtung eines feindlichen Schnellbootes. Daher sah die britische Seite keinen Anlass, ihre Unterlagen zu ändern — womit sie für den Ansatz der deutschen Kräfte genutzt werden konnten.[57]

Bild 26 – Petersen (links) besichtigt mit seinen Fachleuten das eingebrachte MGB 335

Dennoch blieben größere Erfolge aus, teils bedingt durch ungenaue Positionen des Geleitzuges, teils aber auch, weil die Flottillenchefs und Kommandanten noch nicht ganz mit dem neuen taktischen Ansatz vertraut waren. Petersen fasste daher noch einmal die Grundzüge seiner Taktik zusammen:

- Auf dem Marsch eng zusammenbleiben, um genügend Abwehrkraft gegen feindliche Luftangriffe zu bilden.

- Vor dem Trennpunkt Zusammenschließen der Führerboote auf Rufweite zum Positionsabgleich.

---

[57] Die britische Seite ging bis Kriegsende von einem Verlust des Bootes aus. Vgl. HM Stationery Office: Statement of Losses during the Second World War, London 1947 – siehe auch KTB Skl (A), Bd. 37 vom 11.09.1942, S. 229 f.

56

- Treten auf dem Marsch Verzögerungen auf, sind die Stichpunkte bei angenommener Gegnergeschwindigkeit von sieben Knoten zu verschieben.

- Bei vorzeitigem Auftreffen auf den Gegner sind die Flottillen sofort rottenweise auseinanderzuziehen, es kann nicht sein, dass eine Flottille geschlossen bis zu 15 Seemeilen vom Geleit abgedrängt wird.

- Bei Auftreffen auf den Gegner ist die Funkstille sofort zu unterbrechen und mit allen Funkmitteln die Geleitposition an die übrigen Boote zu geben.

- Nach erfolgtem Einsatz wieder zusammenschließen und geschlossen den Rückmarsch antreten.[58]

In dem letzten Einsatz des Jahres, am 12./13. Dezember 1942, wurden diese Grundsätze dann korrekt umgesetzt. Während die auf den Flügeln angesetzten Boote der 2. und 6. SFltl. die Bewacher abzogen, brach die 4. SFltl. ein und versenkte aus einem Nordgeleit fünf Dampfer mit insgesamt 7.000 BRT.

Damit endete auch für Petersen das erste Jahr seiner Verantwortung als Führer des Schnellbootverbandes.

---

[58] Vgl. KTB FdS vom 14.10.1942, fol. 105 ff.

Das Ringen um die Weiterentwicklung der Schnellbootswaffe

Petersen sah das Frontschnellboot vom Typ S 38 als gelungen an: Klein genug, um schnell und wendig in dem durch vorgelagerte Sände geprägten Einsatzgebiet vor der englischen Ostküste erfolgreich operieren zu können. Groß genug, um in Grenzwetterlagen den britischen Booten überlegen zu sein. Daher wehrte er sich auch gegen alle Versuche, mit Gleit- oder Tragflügelbooten andere Typen zum Einsatz zu bringen – aus seiner Sicht wäre das eine Zersplitterung der gerade in Kriegszeiten notwendigen Konzentration der industriellen Kräfte gewesen und hätte eine Ablenkung von den von ihm für notwendig erachteten Verbesserungen der im Einsatz befindlichen Boote bedeutet.[59] Dies waren Verbesserungen, die er bei der Maschinenanlage, der Bewaffnung und den Ortungsmitteln für dringend geboten hielt.

Er wehrte sich auch gegen den von der Gruppe West geforderten Bau eines reinen Artillerieschnellbootes, da „...angesichts der geringen Zahl von S-Booten, die Nacht um Nacht an den Feind gebracht werden können, es nicht zu verantworten ist, Kanonenschnellboote zu besetzen und an den Feind zu bringen, die – wie die Erfahrungen des Engländers zeigen – im Kampf gegen die Feindtonnage selbst praktisch wertlos sind, da ihnen die Torpedowaffe zur Vernichtung des Feindes fehlt"[60].

---

[59] Zu den vielfältigen Erprobungsbooten vgl. Erich Gröner: Die deutschen Kriegsschiffe 1815–1945, Bd. 2; Bonn 1999, S. 180 ff.
[60] KTB FdS 1. – 15.10.1942, fol. 169 f.

Schnellboot Typ S 38

34,9 m Länge, 5,1 m Breite, 1,85 m Tiefgang

3 x 2.000 PS Daimler-Benz MB 501, 20 Zylinder, drei Wellen, drei Schrauben

39,5 kn max. Geschwindigkeit, 35 kn Marschfahrt

später MB 511 mit 3 x 2.500 PS und Höchstgeschwindigkeit 42 kn

Fahrbereich 750 sm bei 35 kn, 16,4 t Kraftstoff

Einsatzverdrängung 108 t

Bewaffnung:

2 Torpedorohre (plus zwei weitere Torpedos als Nachladung)

6 - 8 Wasserbomben oder Schreckbomben

2 Nebelkannen

6 Minen bzw. 8 Sperrmittel, dann allerdings keine Wasserbomben und keine Reservetorpedos

anfangs 1x2-cm-Flak (MG C 38) und 2x3 MGs (MG 08)

später laufend verstärkt auf 4-cm, 3,7-cm, 2-cm-Zwillings- und Vierlings-Geschütz

Ausrüstung:

Magnetkompass, ab Herbst 1943 Kreiselkompass

1 Funk HF Sende-/Empfangsgerät 40/70 Watt

1 Telefoniegerät 1 Watt

Echolot ab Frühjahr 1942, verbessertes Echolot Herbst 1944

Funkpeiler ab Herbst 1943

Funkmessbeobachtungsgerät (FuMB): MERTOX ab Herbst 1942, später NAXOS und TUNIS

Funkmessortungsgerät (FuMO): Nur auf einzelnen Booten zur Erprobung, Lichtenstein ab Sommer 1942, Hohentwiel ab Frühjahr 1944

Besatzung:

Anfangs 20 Mann, später verstärkt bis zu 28 Mann (Geschützbedienungen)

Maschine

Die Unzuverlässigkeit der Maschinenanlagen machte Petersen von Anbeginn an große Sorge. Immer wieder blieben Boote mit Störungen im Hafen oder mussten aus dem Einsatz zurückgeleitet werden. Mit seinem aus der Zeit in der 2. SFltl. vertrauten Ingenieur, KKpt. Wilhelm Gördes, den er sich in seinen Stab geholt hatte, entwickelte er ein Schema, mit dem die Motorenausfälle detailliert dokumentiert wurden, um daraus Anhaltspunkte für Verbesserungen zu gewinnen. Anhand dieser Störmeldungen führte Gördes intensive Diskussionen mit den Mercedes-Ingenieuren. Daraus wiederum ergaben sich vielfache Änderungen an der Maschinenanlage, wie Gleit- statt Rollenlager an den Kurbelwellen und Pleuelstangen, Änderung der Anlassventile, neue Antriebe für Hauptölpumpen und Seewasserpumpen, um nur einige aus der Vielzahl der Verbesserungen zu erwähnen. Insgesamt wurden die Motoren damit immer zuverlässiger und die Betriebsstunden bis zur Motorenüberholung erhöhten sich von 250 über 300 auf später sogar 500 Stunden. Gleichermaßen stieg auch die Zahl der Betriebsstunden bis zum Motorenwechsel von 500 auf 1.000 Stunden. Mit der Ablösung des Dieselmotors MB 501 durch den mit Aufladung auf 2.500 PS gesteigerten MB 511 konnte auch eine höhere Geschwindigkeit erzielt werden, mit Spitzenwerten von 42 kn. Der Einbau des weiter verbesserten und auf 3.000 PS gebrachten MB 518 konnte allerdings nur noch auf wenigen Booten realisiert werden. Dies war dann auch der Motor, der mit geringen Änderungen in der JAGUAR-Klasse der Bundesmarine Verwendung fand.

Bewaffnung und Schutz

Nachdem schon unter dem Führer der Torpedoboote, Kapitän zur See Bütow, eine 2-cm-Kanone als sogenannte Backflak eingebaut worden war, um damit auch im Vorausbereich feuern zu können, suchte Petersen nach einer Waffe, mit der sowohl Flugzeuge bekämpft als auch der Panzer der britischen MGBs durchschlagen werden konnte. Als Lösung strebte er die Luftwaffen-3-cm-Bordkanone mit automatischer Munitionszufuhr, hoher Kadenz und Durchschlagsfähigkeit an. Doch die Adaptierung verzögerte sich immer weiter, sodass Petersen stattdessen eine 4-cm-Kanone wählte. Diese besaß ebenfalls eine hohe Durchschlagskraft, erforderte allerdings mehr Bedienungspersonal und hatte eine geringere Feuergeschwindigkeit. Da auch diese Waffe nur in begrenzter Zahl zur Verfügung stand, wurden teilweise 2-cm-Zwillings- oder -Vierlings-Geschütze eingebaut. Endziel sollte dann die marineeigene 3,7-cm-Kanone sein, aber auch dieses konnte nur für wenige Boote noch erreicht werden. Insgesamt ergab sich daraus eine Vielfalt in der Artillerieausstattung, die Petersen angesichts der Lage aber akzeptierte.

Bild 27 – Schnellboot Typ S 38 mit Backflak und achterer
4-cm-Kanone

Bei den Torpedos war der G7a bei Kriegsbeginn der Standardtorpedo sowohl der U-Boots- wie auch der Schnellbootswaffe. Es zeigte sich jedoch bald, dass die S-Boote die Reichweite von 4,3 sm nicht ausnutzten, da sie ihre Ziele auf Sichtweite, also wesentlich kürzere Entfernung, bekämpften. Stattdessen benötigten sie eine höhere Geschwindigkeit des Torpedos als 40 kn, um in den rasch wechselnden Lagen, besonders gegen die sichernden Zerstörer, Treffer zu erzielen. Mit seiner Forderung nach einem speziellen S-Boots-Torpedo mit kurzer Reichweite und hoher Geschwindigkeit konnte sich Petersen aber nicht durchsetzen. Priorität hatte eindeutig die U-Bootswaffe, die vor allem einen Torpedo ohne Blasenbahn benötigte und einen weiteren, der zur Abwehr der Geleitfahrzeuge geeignet war. Beide wurden auch so entwickelt.[61] Sie sollten sich aber für den S-Bootseinsatz als ungeeignet erweisen.[62] Also blieb es bis Kriegsende bei dem „alten" G7a, der in Ermangelung eines neuen Typs auch noch in der Bundesmarine Verwendung finden sollte.

Erfolgreich war er hingegen bei der Forderung nach dem Winkelschuss, womit das zeitaufwendige Drehen des Bootes auf Schusskurs vermieden und ein Einzel- oder Doppelschuss aus allen Lagen möglich sein sollte. Diese GA-Einstellung[63] wurde relativ schnell realisiert und fand ab Mitte 1942 auf den Booten Verwendung.

Auch beim Schutz, den Petersen aufgrund der zahlreichen Personalausfälle nach Luftangriffen und Gefechten mit britischen Kräften dringend forderte, war er erfolgreich, wie immer dann, wenn es um reine Schnellbootsbelange ging, die nicht mit den Interessen anderer Organisationen oder Verbände kollidierten. Die Lürssen-Werft entwickelte dazu zwei Modelle, zum einen eine Panzerung der bisherigen Brücke, zum anderen eine Panzerkalotte, die gleichzeitig auch die Silhouette des Bootes verkleinern sollte. Die Entscheidung fiel für die Panzerkalotte, mit der die Boote dann ab dem Frühjahr 1943 Zug um Zug ausgestattet wurden. Im Erfahrungsbericht über die Bewährung des Schnellboottyps S 38 heißt es dazu: „Unter Verwendung von 10 mm gehärtetem Spezial-Ruhrstahlpanzerblech wurde die Kalotte zu einem wirksamen Splitterschutz und hat manches 2 oder 4 cm Geschoss abprallen lassen. Im Schutz der Panzerung fühlten sich die Brückenmannschaften jedenfalls geborgen, ein psychologisches Moment, das nicht hoch genug einzuschätzen war."[64]

---

[61] Es handelte sich hier um den E-Torpedo G7e und den geräuschsuchenden „Zaunkönig", vgl. Eberhard Rössler: Die Torpedos der deutschen U-Boote, Herford 1984.

[62] Der G7e war mit 30 kn wesentlich langsamer als der G7a, und der Zaunkönig lief sogar nur 24,5 kn, damit waren schnell laufende Zerstörer und MGBs nicht zu erreichen.

[63] GA = Geradeauslauf. Der mit einer optischen Zielsäule gemessene Winkel zwischen schießendem Boot und Ziel wurde mechanisch an den Torpedo weitergegeben und veränderte dort die GA-Einstellung.

[64] Unveröffentlichte Ausarbeitung des ehemaligen FdS Stabes, auch als Petersen Bericht bezeichnet; o.O., o.D., S. 7.

Bild 28 – Boot mit Panzerkalotte

Bild 29 – Petersen (rechts) prüft Raketenwerfer für Verwendung auf Schnellbooten

Ortung

In keinem anderen Verband war die Kenntnis über die elektronische Ortung so umfassend wie in dem der Schnellboote. Akribisch wurde hier jede Ortung, die die britische Seite auf dem Funkwege meldete, dokumentiert und daraus Rückschlüsse auf die Fähigkeiten des Gegners gezogen. Um auf diesem Feld bestehen zu können, forderte Petersen zweierlei: Erstens ein eigenes Funkmessortungsgerät (FuMO) und zweitens ein Gerät zur Erfassung gegnerischer Ortung, ein Funkmessbeobachtungsgerät (FuMB). Da auch die U-Bootswaffe ein solches FuMB forderte, wurde es relativ schnell entwickelt. Die ersten dieser Geräte (METOX) wurden im Herbst 1942 auf jeweils zwei bis drei Booten einer Flottille eingebaut. Sie bewährten sich zwar im Einsatz, waren allerdings noch ungenau und konnten beim Auftreten vieler Ortungsträger nicht mehr zwischen diesen differenzieren. Als mehrere deutsche U-Boote, die ebenfalls mit diesem Gerät ausgerüstet waren, in der Biskaya ohne Warnung durch Flugzeuge angegriffen wurden, schloss die U-Bootführung, dass der Gegner auf die (technisch festgestellte) Eigenstrahlung des Gerätes seine Angriffe flöge und sperrte daraufhin das METOX für den Einsatz. Nicht so bei der Schnellbootswaffe. Petersen forderte klare technische Beweise anstelle von Vermutungen. Erst als im August 1943 nachgewiesen wurde, dass die britischen Jagdbomber inzwischen mit Geräten im 9-cm-Bereich arbeiteten, der von METOX nicht mehr erfasst wurde, stoppte er den weiteren Einbau des Warngerätes und sorgte für Nachfolger (NAXOS und TUNIS), die diese Bandbreite mit abdecken konnten.

Die Entwicklung und Ausrüstung mit FuMO hingegen konnte er aufgrund fehlender Zuständigkeit nicht beschleunigen. Offensichtlich wurde der Frage nach der Entwicklung leistungsfähiger Funkmessgeräte seitens der Führung der Kriegsmarine zu wenig Aufmerksamkeit entgegengebracht.[65] Petersen half sich auf seine Art. Auf dem „kleinen Dienstweg" wurde das Lichtenstein-Funkmessgerät der Luftwaffe beschafft und erprobt, zuerst mit feststehender und dann mit drehbarer Antenne. Doch die Ergebnisse befriedigten nicht, zu gering war

---

[65] Es gibt bislang keine wissenschaftlich fundierte Untersuchung darüber, wie und mit welcher Intensität sich das Oberkommando der Marine und die Seekriegsleitung mit der Ortungsüberlegenheit der Alliierten beschäftigten und welche Mittel und Wege sie suchten, um diese zu minimieren.

die Reichweite von 2.000 m gegen Zerstörer und zu umständlich die Bedienung. Auch das Luftwaffengerät Hohentwiel, welches ab Anfang 1944 erprobt wurde, konnte im taktischen Einsatz nicht überzeugen. Neben der geringen Reichweite lag dies vor allem daran, dass die Entfernung zum Ziel auf einem Braunschen Rohr angezeigt wurde, während die Peilung am Gerät abzulesen war. Bei vielen Zielen, wie im Einsatz selbstverständlich, war damit kein Überblick über die taktische Lage zu gewinnen. Die britische Seite hatte zu dieser Zeit schon die rotierende Anzeige, wie sie heute bei allen Radargeräten üblich ist. So blieb es bis zum Ende des Krieges, dass die S-Boote die „Blinden" waren, die gegen „Sehende" zu kämpfen hatten.

Bild 30 – Erprobung des FuMO-Gerätes Hohentwiel vor Helgoland

Bootszahlen

Um mit dem Aufwuchs der britischen Abwehr zumindest Schritt halten zu können, forderte Petersen frühzeitig eine Erhöhung der Bootszahlen. In ungewöhnlich deutlicher Form wies er dabei in einem Schreiben an das Oberkommando der Marine auf die strategische Zielsetzung des Kampfes gegen England hin. „Auf keinem Kriegsschauplatz bieten sich in dieser Regelmäßigkeit Schiffsziele, deren

Versenkung das strategische Ziel des Krieges zur See ist, und auf keinem Kriegsschauplatz kann daher, wenn ausreichende S-Bootszahlen zur Verfügung stehen, die U-Bootsoffensive gleich wirksam ergänzt werden... Der offensive Einsatz der S-Bootswaffe im Westraum dient zugleich am besten der augenblicklichen defensiven Gesamthaltung, indem er Kräfte bindet, die ohne ihn zu offensiver Tätigkeit, sei es im Westraum oder auf anderen Kriegsschauplätzen, frei würden. Über jede defensive Betrachtungsweise hinaus bildet der Angriff auf die Stärke der angreifbaren Zufuhr jedoch die strategische Aufgabe, die ausgeschöpft werden muss, wenn die Kriegsmarine ihre Aufgabe lösen will."[66]

Doch diesem Antrag vom November 1942 wurde noch nicht entsprochen, also wiederholte ihn Petersen im März 1943 und forderte jetzt konkret, das Neubautempo von zurzeit drei Booten pro Monat auf fünf und später auf acht Boote zu erhöhen.[67]

Bei aller Gegensätzlichkeit war er sich hier mit dem neuen Oberbefehlshaber der Kriegsmarine, Großadmiral Dönitz, einig, denn auch dieser sah den Kampf gegen die britische Zufuhr als das einzige Mittel an, den Krieg doch noch erfolgreich zu beenden. In dem von Dönitz entwickelten und am 11. April 1943 von Hitler genehmigten Schiffbauplan sollte die Produktion sogar auf sechs Boote pro Monat gesteigert werden, denn die Schnellbootswaffe, so hielt es die Seekriegsleitung Ende März 1943 in ihrem KTB fest, „... kann gegen den englischen Geleitdienst unter der Küste einen wertvollen Teil des Tonnagekrieges auf sich nehmen"[68].

Petersen hatte sich damit durchgesetzt und neue Flottillen wurden aufgestellt, auch wenn es mit dem Zulauf dauerte.[69] Mit dem Flottenbauprogramm vom 7. Juni 1943 sollte die Baurate sogar auf neun

---

[66] FdS gKos 3400 A 1 v. 30.11.1942 als Anlage zum Schreiben an das Oberkommando der Kriegsmarine 1. Skl v. 17. März 1943, KTB FdS 16.–31.03.1943, fol. 245f.

[67] ebenda, fol. 241.

[68] KTB Skl (A), Bd. 43 vom 31.03.1943, S 646 – siehe auch Michael Salewski: Die deutsche Seekriegsleitung, Bd. II, München 1975, S. 278.

[69] So die 9. SFltl. im April 1943 und die 10. SFltl. im März 1944.

Boote pro Monat steigen.[70] Doch die Werften konnten dieses ehrgeizige Programm nicht realisieren. Im Jahr 1943 baute Lürssen im Schnitt zwei bis drei Boote pro Monat, Schlichting eins. 1944 wurden bei Lürssen 39 Boote abgeliefert, 15 bei Schlichting und bei der neu hinzugekommenen Danziger Waggonfabrik acht, also insgesamt fünf Boote pro Monat. Lürssen steigerte sich zwar im August 1944 auf sechs Boote, dann aber fielen durch Luftangriffe auf Werften, Motorenfabriken und Zulieferer die Zahlen wieder ab. Im Jahr 1945 wurden noch 11 Boote fertiggestellt.

Personal und Ausbildung

Den größten Engpass bei dem Aufbau der Schnellbootswaffe bildeten die Kommandanten. Der Idealaufbau, Fähnrichszeit bei Schnellbooten – Wachoffizier auf Torpedobooten oder Zerstörern – Kommandant S-Boot, war nicht mehr durchzuhalten, zu groß waren im Verlauf des Krieges die Forderungen nach jungen, qualifizierten Seeoffizieren von der U-Bootswaffe, den Sicherungsverbänden und den großen Flotteneinheiten. Also mussten auch weniger geeignete Offiziere, auch ohne vorherige Fahrzeit, als Kommandantenschüler genommen werden. Zwar oblag die letzte Entscheidung, ob jemand zum Kommandanten ernannt wurde oder nicht, dem Chef der Schulflottille, doch in der Abwägung, Ablehnung oder Entscheidung für ein weiteres Boot in den Einsatzflottillen wurde oftmals zugunsten der Einsatzflottillen entschieden. Teilweise mit verheerenden Folgen, weil diese jungen Kommandanten dann im Einsatz überfordert waren und ihre Boote nicht mehr oder mit erheblichen Verlusten zurückbrachten.[71] Dennoch blieb das Dilemma des Nachwuchses und damit der zu besetzenden Kommandantenstellen. Petersen sah dies und beantragte in seiner pragmatischen Art, einsatzerfahrene Obersteuermänner als Kommandanten einzusetzen, um den Aufwuchs der Boote im Einsatz nicht zu behindern. Das war neu und brach mit bisheriger Marinetradition. Dennoch überzeugten seine Argumente und dem Antrag wurde im Januar 1943 vom Oberkommando der Marine statt-

---

[70] Guntram Schulze-Wegener: Die deutsche Kriegsmarine-Rüstung, Hamburg 1997, S. 125.

[71] Vgl. Bernd Rebensburg: Erinnerungen an den Schnellbootseinsatz im Westen 1940–1945, Bonn 1999, S. 23 f.

gegeben. Bald danach fuhren bis Kriegsende ein bis zwei Obersteuermänner in jeder Flottille als bewährte Kommandanten. Einige von ihnen wurden als Kriegsoffiziere[72] noch zum Leutnant befördert.

Um den insgesamt erhöhten Ausbildungsbedarf zu decken, ließ Petersen zum 1. November 1943 die Schulflottille zur Lehrdivision aufwachsen, mit je einer Abteilung für das seemännische sowie das technische Personal. Zu der jetzt so bezeichneten 1. Schulflottille traten im April 1944 die 2. und ab Juni 1944 die 3. Schulflottille. Doch bereits im September 1944 ging die 2. Schulflottille auf Weisung der Seekriegsleitung in den Kurland-Einsatz, gefolgt von der 1. Schulflottille, die ab Dezember 1944 Geleitsicherung vor der norwegischen Küste fuhr. Petersen akzeptierte dies, um nicht Frontflottillen für diese Einsätze abziehen zu müssen. Bei den geringer werdenden Neubauten musste eben eine Schulflottille ausreichen. Das Ende des Krieges begann sich abzuzeichnen.

Bild 31 – Musterung der Schnellbootslehrdivision in Swinemünde im Herbst 1944, links neben Petersen OltzS Klaus-Degenhardt Schmidt und KKpt. Klaus Feldt

---

[72] Kriegsoffiziere waren verdiente Feldwebel/Bootsmänner, die auf Vorschlag ihrer Vorgesetzten eine verkürzte Offiziersausbildung durchliefen und danach zum Leutnant befördert wurden.

Erfolge und Rückschläge 1943 bis 1945

Zu Beginn des Jahres 1943 waren im Kanal vier Flottillen im Einsatz. Drei vom Hollandraum aus gegen die Nord-/Süd-Geleite an der britischen Ostküste und eine von Cherbourg aus gegen die Ost-/West-Geleite an der Südküste. Weitere Flottillen folgten später. Doch die Verstärkungen wurden wieder ausbalanciert durch die immer stärker werdende britische Abwehr. Sobald ein Geleit das schnellbootgefährdete Gebiet passierte, wurde das volle Instrumentarium aufgeboten. Flugzeuge überwachten die Anmarschwege, Motor-Gun-Boat (MGB)-Gruppen besetzten Positionen auf der sogenannten Z-Linie[73], dahinter standen Geleitzerstörer der HUNT-Klasse in freier Patrouille und am Geleit selbst befanden sich in der Regel ein Führerzerstörer sowie an beiden Flanken Motor-Launches (MLs). Hinzu kamen MGB-Gruppen, die vor den Lücken im deutschen defensiven Minengürtel lauerten, um die heimkehrenden S-Boote im Morgengrauen noch kurz vor den Stützpunkten abzufangen. Sie konnten hier gefahrlos operieren. Die deutsche Luftwaffe war aufgrund des Kräftemangels zum Einsatz gegen diesen Gegner ebenso wenig in der Lage wie sie regelmäßige Aufklärung fliegen noch in die Gefechte gegen die Geleite unterstützend eingreifen konnte. Ein Überraschungsangriff war unter diesen Umständen kaum noch möglich, Erfolge konnten nur noch erzielt werden, wenn es gelang, die Sicherung im Kampf zu überwinden.

Erlitten die Boote Beschädigungen und konnten nur mit reduzierter Geschwindigkeit zurücklaufen oder verzögerten Gefechte den Rückmarsch, dann standen sie bei Helligkeit noch in See und waren intensiven britischen Luftangriffen ausgesetzt. So wurden S 74 und S 75 von der 6. SFltl. in der Morgendämmerung des 5. März 1943 von zwei Wellen von Spitfire angegriffen, wobei S 74 schwere Beschädigungen erlitt, während S 75 ausbrannte und gesprengt werden musste. 11 Tote waren neben zahlreichen Verletzten zu beklagen. Bei weiteren Unternehmungen musste Petersen mehrere Male beschädigte Boote noch im Operationsgebiet nach Bergung der Besatzungen auf-

---

[73] Die Karte mit den Positionen, die mit Z und einer Nummer bezeichnet wurden, war der deutschen Seite bei der Eroberung von MBG 335 in die Hände gefallen.

geben, um wenigstens die restlichen Einheiten spätestens noch in der Dämmerung sicher zurückzubringen.[74] Damit waren die S-Boots-angriffe komplett in die Nachtstunden verdrängt und auch in hellen Mondnächten blieben die Boote aufgrund der britischen Luftüberlegenheit in ihren Liegeplätzen.

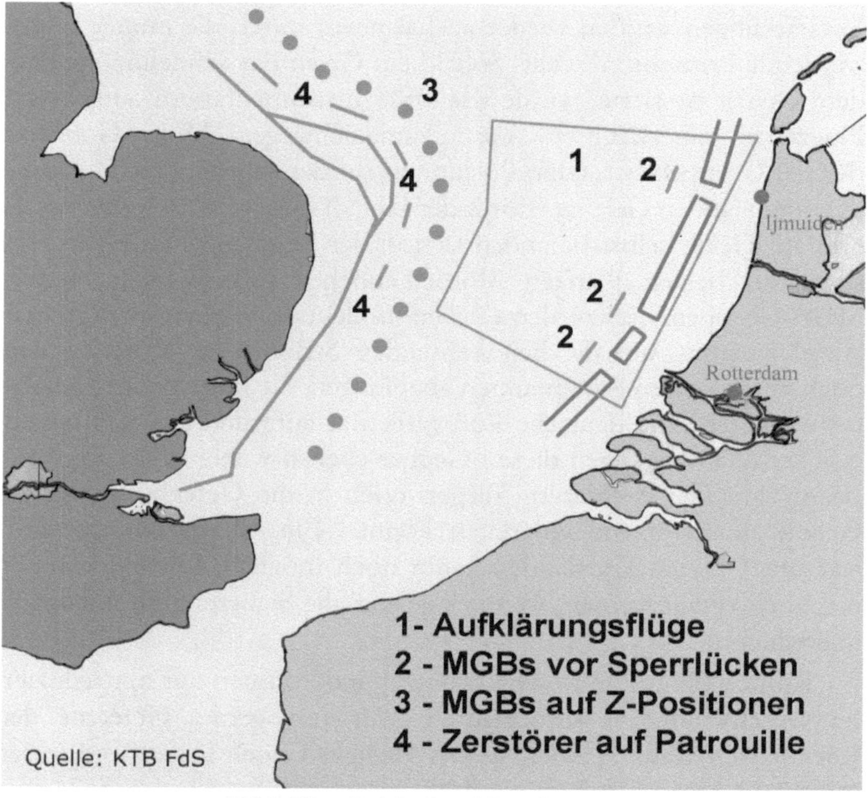

Bild 32 – Britische Abwehr 1943

Im Wechsel zwischen Torpedo- und Mineneinsätzen verging das Frühjahr 1943. „Geregelter Gehaltsempfang auf den britischen Geleitwegen“, so drückte es der damalige Oberleutnant zur See Hans-

---

[74] S 119 – 08.03.43, S 29 – 29.03.43, S 94 und S 128 – 23.02.44.

Helmut Klose[75] später aus, wenn er als Kommandeur der Schnellbootflottille seinen jungen Kommandanten von dieser Zeit berichtete. Zwar gelang es immer wieder, bis zu den Geleitwegen vorzustoßen und auch Erfolge zu erzielen, aber sie wurden mehr und mehr erkauft durch Verluste beim Kampf mit den Sicherungskräften. Auch die Minenlegeoperationen zeitigten – sowohl an der Ost- wie Südküste – geringe Erfolge, da die britische Seite mit ihren inzwischen vollkommen geschlossenen Netzen der Landortungsanlagen die Operationen der Boote genau verfolgte und gezielt Minenräumverbände schon bei Tage ansetzte, womit die Minen fast keine Wirkung mehr entfalteten. Zwar forderte Petersen mehrfach Luftangriffe auf diese Minenräumer, aber vergeblich, die Luftwaffe bombardierte Ziele auf dem britischen Festland, in den Seekrieg griff sie nicht mehr ein.

In den langen Sommernächten waren die Gebiete vor der britischen Ostküste von den Einsatzhäfen in den Niederlanden aus nicht mehr zu erreichen. Also verlegte Petersen noch eine Flottille nach Cherbourg[76] und zog mit seiner Befehlsstelle von Scheveningen wieder nach Wimereux, um dichter am Einsatzort zu sein und eine bessere Verbindung zur Luftwaffe zu haben. Denn aufgrund persönlicher Absprachen mit den Staffelkapitänen wurden, sobald auf den Rückflügen vom Einsatz Schiffe gesichtet waren, diese an die S-Bootsführungsstelle gemeldet.

Die Sommerzeit mit den so begrenzten Einsatzmöglichkeiten nutzte Petersen zu einem umfangreichen Umbau und Reparaturprogramm. Dabei wurden die Motoren umgerüstet sowie die gepanzerte Brücke und auf vielen Booten auch die 4-cm-Kanone eingebaut.

Mit langsam länger werdenden Nächten wurden die Einsätze ab August 1943 wieder intensiviert. Vielfach wurden jetzt von der Gruppe West Sicherungsaufgaben für die S-Boote angeordnet. Zwar verkannte Petersen nicht die Notwendigkeit der Sicherung eines wichtigen Geleites oder die Verstärkung des Minengürtels im Kanal durch Torpedoboote, dennoch wehrte er sich gegen den Verschleiß der Boote bei Ansätzen, die seinem taktischen Verständnis widerspra-

---

[75] Ab 12.43 Chef 2. Schulflottille, in der Bundesmarine Kommandeur 1. Schnellbootgeschwader, Kommandeur Schnellbootflottille und zuletzt Befehlshaber der Flotte.
[76] Dort waren dann die 4. und 5. SFltl. stationiert.

chen. Dies galt vor allem für die sogenannten Ablenkungen. Damit, so stellte er fest, würde nur eine unnötige Alarmierung des Gegners erfolgen. Sein Argument gegenüber der Gruppe West hielt er auch im KTB fest: „...wird von parallelem S-Bootseinsatz abgesehen, wäre bei mäßigem Seegang zu erwarten, dass T-Boote, solange sie Dungeness und Hastings spitze Silhouette zeigen, vielleicht erst sehr spät bei Kursänderung, mit der sie breite Silhouette zeigen, erfasst werden. Feind könnte dann nur noch auf die ablaufenden Ziele hinterheroperieren, was erfahrungsgemäß sehr selten zur Gefechtsberührung führt."[77] Das war zwar etwas oberlehrerhaft, zeigte aber das bei Petersen vorhandene Wissen um die taktisch-technischen Zusammenhänge.

Im Herbst 1943 begann dann auch wieder der Einsatz gegen die Nord-/Süd-Geleite an der Ostküste. Mit insgesamt fünf Flottillen versuchte Petersen, die Geleitsicherungen zu durchbrechen, denn, so hielt er es im KTB fest: „Der Weg an die Geleite heran (führt) nur noch über den Kampf mit der Sicherung, besonders mit dem Zerstörer."[78] Dazu wurden die Rotten von zwei auf vier Boote verstärkt, um sich gegenüber den MGBs mit überlegener Feuerkraft durchsetzen zu können. Bei einem Aufprall auf Zerstörer sollten diese abgezogen werden, um anderen Gruppen den Durchbruch zum Geleit zu ermöglichen. Und er setzte vermehrt auf Grenzwetterlagen, in denen die nicht so seetüchtigen britischen Boote zurückgeschickt wurden und die Zerstörer schlechtere Ortungsergebnisse gegen die S-Boote erzielten. Seine Führung wurde in dieser Zeit immer straffer. Aufgrund der weiterhin guten Ergebnisse der Funkaufklärung hatte er in seinem Lagezimmer eine bessere Übersicht als die bei Nacht und ohne eigene Ortungsmittel fast blind fahrenden Flottillen. Mit kurzen Kurs- und Fahrtbefehlen führte er sie um lauernde MGBs herum oder warnte sie vor feindlichen Zerstörern. Erst bei Feindberührung agierten die Flottillen wieder selbständig.

---

[77] KTB FdS vom 18.09.1943, fol. 22 f.
[78] KTB FdS vom 31.12.1943, fol. 289 f.

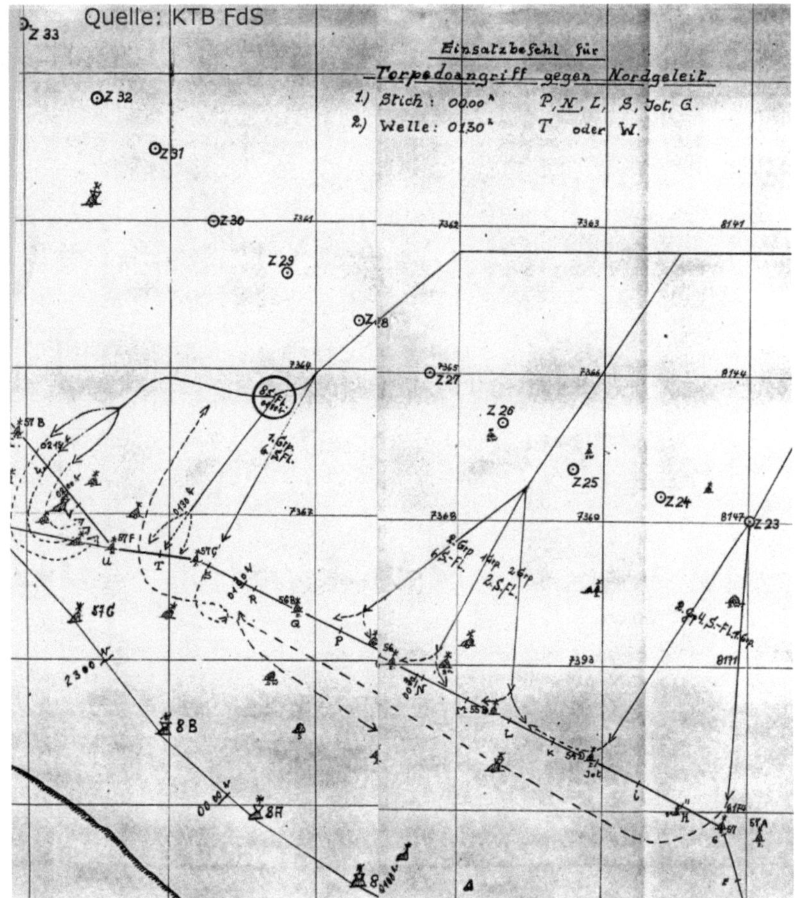

Bild 33 – Ansatz von vier Flottillen am 24./25.10.1943

Weit ausholend versuchte Petersen darüber hinaus, die tatsächlichen Angriffspunkte zu verschleiern. Das gelang ihm aber aufgrund der geografischen Bedingungen wie auch der geringeren Zahl an Abwehrkräften im Kanal eher als an der Ostküste. So in der Nacht 5./6. Januar 1944, als er die 5. SFltl. außerhalb der gegnerischen Ortungsreichweite weit nach Westen marschieren ließ. Diese stieß dann, auf 12 sm ausgefächert, überraschend auf den vom B-Dienst gemeldeten Geleitzug und versenkte „fünf Dampfer mit insgesamt 12.500

BRT"[79]. Die britische Sicherung bestand zu dieser Zeit nur aus einem Zerstörer und einem Trawler, da die britische Seite so weit im Westen nicht mit einem Angriff gerechnet hatte.

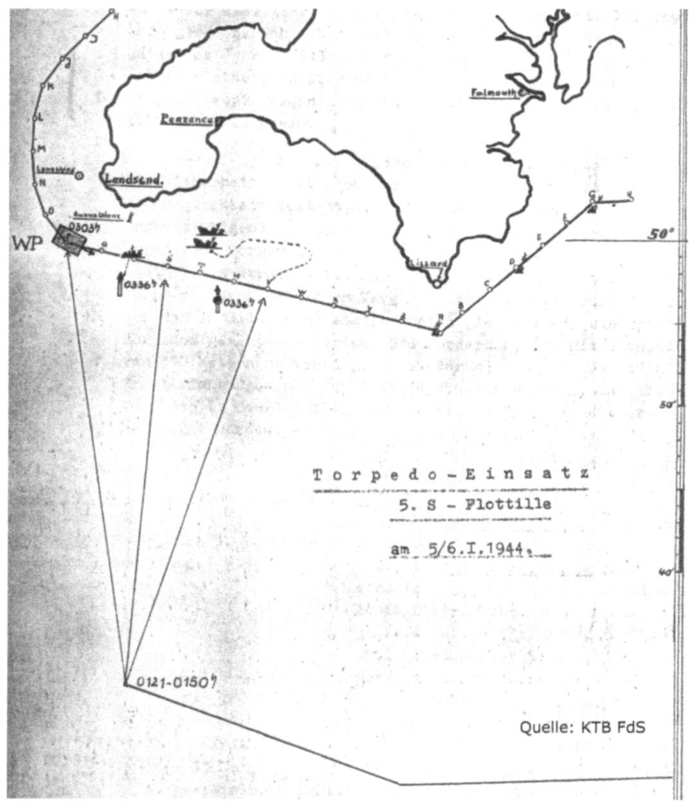

Bild 34 – Ansatz der 5. SFltl. im Januar 1944

Den Winter 1943/44 über ging es weiter im Wechsel zwischen Torpedo- und Mineneinsätzen, allerdings vielfach behindert durch schlechtes Wetter. Dann aber warf die drohende Invasion ihre Schatten voraus. Auf Weisung des Oberkommandos der Marine sollten alle Boote mit 4-cm-Kanonen ausgerüstet werden, um die Landungsboote bekämpfen zu können. Eine Maßnahme, die Petersen für falsch hielt.

---

[79] Das war die Meldung im Wehrmachtsbericht, tatsächlich wurden drei Dampfer mit 3.800 BRT und ein Geleittrawler versenkt.

Er sah neben dem möglichen Angriff auf die Landungsflotte in der ersten Nacht vor allem Chancen bei Einsätzen gegen den dann folgenden notwendigen Nachschub. Und er wehrte sich gegen verstärkte Aufklärung, denn hinter den Sicherungsring könnten die Boote ohnehin nicht schauen. Der damalige Stabsoffizier in der Gruppe West, Edward Wegener, gab ihm im Nachhinein Recht, wenn er feststellte: „Die Schnellboote hätten wahrscheinlich lediglich das Zusammentreffen mit Zerstörern und das Gejagtwerden melden können, eine Meldung, die bei ihnen zum täglichen Brot gehörte und nichts über die Invasionsflotte ausgesagt haben würde."[80]

Trotz dieser Differenzen wurde Petersen am 1. April 1944 Kapitän zur See, nachdem er bereits am 1. März 1943 zum Fregattenkapitän befördert worden war.

---

[80] Edward Wegener: Die Normandie-Invasion und die Marine, in: Marine-Forum 6/79, S. 162.

Die Invasion

Für den Kampf gegen die Invasionsflotte waren die Boote wie folgt disloziert: 5. und 9. SFltl. in Cherbourg, 4. SFltl. in Boulogne, 2. SFltl. in Ostende und die 8. S-Flottille in Ijmuiden. In der Nacht vom 27./28. April 1944 gelang den Cherbourg-Flottillen noch einmal ein großer Erfolg. Zwei Panzerlandungsschiffe wurden aus einem Verband, der sich auf die Slapton Sands Area südlich von Dartmouth hinbewegte, versenkt und ein drittes torpediert. Aufgrund der sich aus dem Funkbild abzeichnenden hohen Personalverluste schloss Petersen richtigerweise auf einen Übungsverband und meldete dies auch an Gruppe West und Seekriegsleitung. Doch offensichtlich wurde dort weder aus dem Versenkungsort – Lyme Bay – noch aus dem Westkurs des Übungsverbandes auf ein mögliches Übungsgebiet geschlossen. Dabei entsprach dieses Übungsgebiet (Slapton Sands) den geografischen Bedingungen in der Normandie und keinesfalls einem Landungsgebiet an der Kanalküste, wo die deutsche Führung eine Landung erwartete. Auch im Mai wurden die Einsätze gegen Geleite an der englischen Südküste fortgesetzt, wiederum im Wechsel zwischen Minen- und Torpedoeinsätzen. Bei einem dieser Einsätze stießen in der Nacht 12./13. Mai 1944 die 5. und 9. SFltl. auf gegen sie angesetzte Zerstörer und MGBs, wobei S 141, auf dem der ältere Sohn des Oberbefehlshabers der Marine, LtzS Klaus Dönitz, als Wachoffizier fuhr, verloren ging. Der britische Rundfunk meldete am 13. Mai die Versenkung und Rettung von sechs Überlebenden, unter denen sich aber nicht Klaus Dönitz befand.[81] Vier Wochen später wurde seine Leiche bei Boulogne an Land getrieben.

Am Morgen des 6. Juni 1944 erfolgte dann tatsächlich die Invasion, wobei den Alliierten nicht nur vom Ort, sondern auch von der Zeit her die Überraschung gelungen war. So begann erst nach der Landung der Abwehrkampf zur See.[82]

---

[81] Vgl. KTB Skl. (A), Bd. 57 vom 13.05.1944 S. 232.

[82] Zu den Vorbereitungen auf beiden Seiten, den Führungsproblemen und dem Ablauf vgl. Dieter Ose: Die Entscheidung im Westen, Stuttgart 1982; Hans Wegmüller: Die Abwehr der Invasion; Freiburg 1979 und Detlef Vogel: Deutsche und Alliierte Kriegführung im Westen, in: Das Deutsche Reich und der Zweite Weltkrieg Bd. 7, Hrsg.: MGFA, Stuttgart 2001.

Invasion

Auf den Konferenzen der Alliierten von Casablanca, Washington und Quebec des Jahres 1943 wurden die Weichen für die Fortführung des Krieges in Europa gestellt und eine Invasion des Festlandes von England aus beschlossen. Die dann in Angriff genommenen Planungen sahen eine Landung in der Normandie mit fünf Divisionen an fünf verschiedenen Orten vor. Zur Sicherung standen über 900 Kriegsschiffe bereit, darunter sechs Schlachtschiffe, 23 Kreuzer und 100 Zerstörer. Befehlshaber wurde General Eisenhower, dem wiederum für die Seestreitkräfte Admiral Ramsay, für die Landstreitkräfte Field Marshal Montgomery und für die Luftwaffe Air Chief Marshal Leight-Mallory unterstanden. Das war eine klare Befehlsstruktur im Gegensatz zu dem Kompetenzwirrwarr auf deutscher Seite.

Neben der Verschleierung des Landungsgebietes kam es der alliierten Seite darauf an, die Anfangsoperationen unabhängig von einem zu erobernden Hafen durchzuführen. Sie planten dafür künstliche Häfen vor den Landesträngen sowie eine von England zu diesen künstlichen Häfen zu verlegende Pipeline für den Kraftstoffnachschub. Dies wurde auf deutscher Seite erst spät erkannt und führte dazu, dass noch längere Zeit an weitere Landungen zur Eroberung von Häfen geglaubt und Reserven dafür zurückgehalten wurden.

Für die Landung sahen die Alliierten die Morgenstunde vor, um gute Sicht für Luftangriffe und das Feuer der Schiffsartillerie zu haben; auflaufendes Wasser, um Landungsboote entladen und wieder ablaufen zu lassen und eine helle Mondnacht, um Fallschirmjäger noch vor der eigentlichen Landung einsetzen zu können.

Diese Bedingungen trafen auf den 5.–7. Juni 1944 zu, worauf Eisenhower den 5. Juni als Landungstag festlegte. Schweres Wetter zwang ihn dann aber dazu, die schon ausgelaufenen Verbände anzuhalten. Als jedoch ein Zwischenhoch gemeldet wurde, befahl er die Landung für den 6. Juni zwischen 6.30 und 7.30 Uhr. Dies überraschte die Deutschen, die aufgrund fehlender Wetterinformationen aus dem Atlantik weiter mit schlechtem Wetter gerechnet hatten. Sowohl mit dem Tag wie dem Gebiet als auch dem Verzicht auf feste Häfen war den Alliierten somit die vollständige Überraschung gelungen.

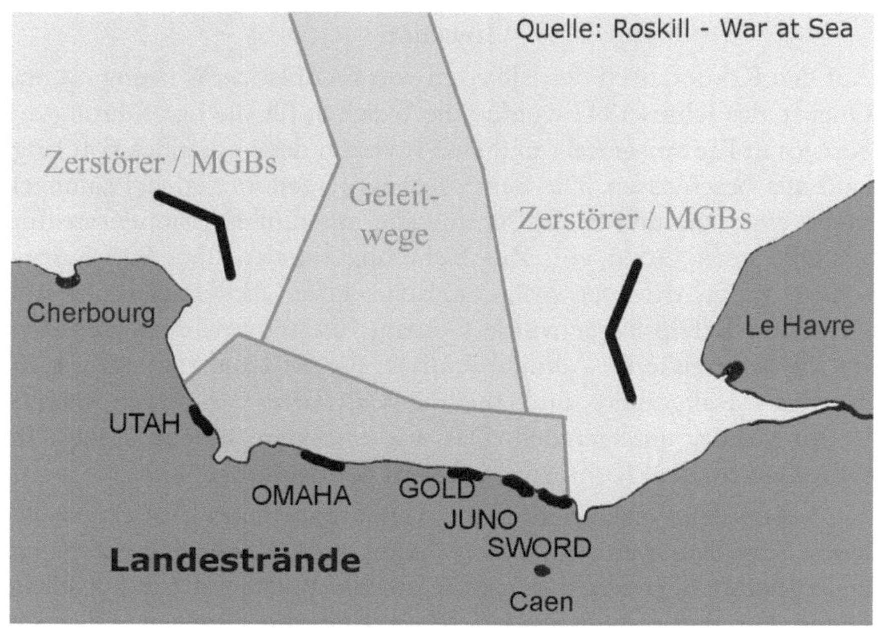

Bild 35 – Das Landungsgebiet

In den ersten Nächten kamen nur die Cherbourg-Flottillen zum Einsatz und konnten unter Verlust von zwei Booten mit der Versenkung von zwei Landungsschiffen und einem Zerstörer auch erste Erfolge erzielen. Die übrigen Flottillen blieben zur Aufklärung in ihrem Bereich, da nach Auffassung der Gruppe West noch weitere Landungen an anderen Orten möglich waren. Auch Petersen war von dem Umfang und der Wucht der Invasion überrascht, wie er freimütig in einem Brief an seine Eltern vom 11. Juni 1944 bekannte. „Nun hat sich die Invasion doch zu einer großen, diesen Krieg entscheidenden Sache entwickelt, was ich ja nicht erwartet hatte." Er erwähnt dann auch kurz das Schicksal des bis dahin vermissten LtzS Klaus Dönitz: „Der Sohn von Dönitz ist, nachdem er gestern angetrieben war, früh in Boulogne beigesetzt worden. Kopfschuß." [83]

---

[83] Der Brief ist einer der wenigen erhaltenen Äußerungen Petersens. Er war, mit Bleistift auf weißem Papier und ohne Briefkopf, an einen Pastor in Brokstedt/ Schleswig-Holstein adressiert, obwohl die Eltern bis November 1945 in Berlin-Lichterfelde wohnten. Möglicherweise ging Petersen davon aus, dass der Briefverkehr seines Vaters von der Gestapo überwacht wurde und wollte dies umgehen.

In Anbetracht der neuen Lage setzte Petersen aber nicht auf Abwarten sondern drängte auf Konzentration und konnte erreichen, dass wenigstens die 4. SFltl. nach Le Havre zur Invasionsbekämpfung verlegte und die 2. SFltl. nach Boulogne vorzog.

Bild 36 – Künstlicher Hafen vor der Invasionsküste

„Jetzt habt ihr Ziele genug, ran"[84], verkündete der Gruppenbefehlshaber West, Admiral Krancke, seinen unterstellten Einheiten. Und die Boote gingen Nacht für Nacht ran, erzielten auch immer wieder Erfolge gegen den Nachschubverkehr, obwohl die britische Seite jetzt über die geplanten Aktionen vorab unterrichtet war. Das lag daran, dass die Gruppe West aufgrund des weitgehend zerstörten Fernschreibnetzes ihre Einsatzabsichten für die kommende Nacht gegen Mittag nicht wie sonst per Fernschreiben, sondern auf dem

---

Wie der Brief dann die Eltern erreichte ist nicht bekannt. Kopie wurde den Verfassern von dem Neffen Petersens, Peter Petersen, übergeben.
[84] KTB FdS vom 10.06.1944, fol. 55.

Funkweg verbreitete. ULTRA[85] konnte diese so rechtzeitig entschlüsseln, dass sie vor Beginn der Operation bei den alliierten Seebefehlshabern vorlagen. Außer der Vorwarnung ergaben sich daraus kaum taktische Vorteile, da die ergänzenden und teilweise in den Gefechtsverlauf eingreifenden Befehle, Hinweise und Warnungen Petersens, die nur über die „Schnepfentafel" kodiert auf der S-Boots-Welle gesendet wurden, zwar ebenfalls aufgenommen, aber nur mit solchem Zeitverzug entschlüsselt werden konnten, dass sie auf die Kampfhandlungen selbst keinen Einfluss mehr hatten.

Die Alliierten zogen zwar den Sicherungsring enger um die beiden Ausgangshäfen Cherbourg und Le Havre, dennoch gelang es den Booten immer wieder, diesen zu durchbrechen. Vor Cherbourg hatte Petersen dazu eine Zusammenarbeit mit den dort stationierten Artillerieträgern[86] vereinbart, die aus dem Schutz der Küste heraus den Zerstörerriegel angriffen und abdrängten. Vor Le Havre, wohin inzwischen auch die 2. SFltl. verlegt hatte, übernahmen dies die dort noch liegenden Torpedoboote, sodass die S-Boote immer wieder erfolgreich den Nachschubverkehr angreifen konnten. Dies war den Alliierten so lästig, dass sie den Versorgungsverkehr für die Nacht ganz einstellten.

Auf See war also der Schnellbootsbedrohung nicht Herr zu werden, nur Angriffe aus der Luft konnten helfen. Und die Alliierten nutzten ihre Chance. So, als ULTRA meldete, dass die 2. SFltl. in der Nacht (12./13. Juni 1944) zur Torpedoversorgung nach Boulogne laufen würde. Ab Mitternacht patrouillierten britische Jagdbomber vor Boulogne und griffen die einlaufenden Boote in rollenden Einsätzen an. Drei Boote sowie ein zu Hilfe eilendes Räum-Boot wurden dabei versenkt. Als in der folgenden Nacht aufgrund der Wetterlage neben der 4. auch die 5. und 9. SFltl. in Le Havre einliefen, meldete dies ULTRA dem alliierten Seebefehlshaber Admiral Ramsay, der

---

[85] Eine Übersicht über die Probleme der Funkentschlüsselung und die Rolle ULTRAs; in: Werner Rahn: Warnsignale und Selbstgewissheit. Der deutsche Marine-Nachrichtendienst und die vermeintliche Sicherheit des Schlüssels M (Enigma) 1943/44, in: Militärgeschichtliche Zeitschrift, Nr. 61 (2002), S. 141 ff.
[86] Die Artillerieträger oder auch Artilleriefährprähme hatten in der Regel eine Bewaffnung von 2x8,8-cm-, 1x3,7-cm- und 10x2-cm-Kanonen. Vgl. Siegfried Breyer: Die Deutsche Kriegsmarine 1935–1945, Bd. 2, Hanau 1986, S. 142.

persönlich bei dem Führer des Bomber-Commands, General Harris, den Angriff auf Le Havre erbat. In den Abendstunden des 14. Juni griffen 221 Lancaster-Bomber Le Havre an und vernichteten 14 Boote, nur eines konnte entkommen. Drei von den vier vorhandenen Torpedobooten, acht Minensucher, acht Vorpostenboote und zahlreiche weitere kleinere Einheiten gingen ebenfalls verloren. Damit war der Bestand an einsatzbereiten Booten von ehemals 31 bei Invasionsbeginn auf 13 abgesunken.

Petersen ging es jetzt um dreierlei:

Erstens kam es darauf an, dem Gegner keinerlei Ruhepause zu gönnen, auch durfte bei den eigenen Besatzungen nicht das Gefühl der Niederlage die Oberhand gewinnen. Also wurden die Einsätze, wenn auch mit den geringen Bootszahlen, konsequent weitergeführt.

Zweitens galt es, sobald als möglich Verstärkungen zuzuführen, dazu wurde die 6. S-Flottille aus der Ostsee in den Kanal verlegt.

Drittens mussten die Verbände neu organisiert werden, daher wurden die Boote der 2. und 4. unter Führung der 2. SFltl. zusammengefasst und das Personal der 5. SFltl. zur Neuaufstellung in die Heimat gesandt.

Petersen selbst war am 13. Juni 1944 mit dem Eichenlaub zum Ritterkreuz ausgezeichnet worden. Unmittelbar nach Eingang des Auszeichnungsschreibens aus dem Führerhauptquartier hatte er die darin bekundete Anerkennung mit Dank an die Schnellbootsflottillen weitergegeben.[87]

---

[87] Das FS lautete: „Schnellbootsmänner. Der Führer hat Eure Erfolge durch Verleihung des Eichenlaubs zum Ritterkreuz an mich in besonderer Weise gewürdigt. In stolzer Freude sind meine Gedanken stets bei Euch. Das Vaterland vertraut in diesen kriegsentscheidenden Tagen auf Euch, Schnellbootsmänner. Bleibt hart. Euer Petersen." Kopie des Fernschreibens wurde den Verfassern von dem Neffen Petersens, Peter Petersen, übergeben.

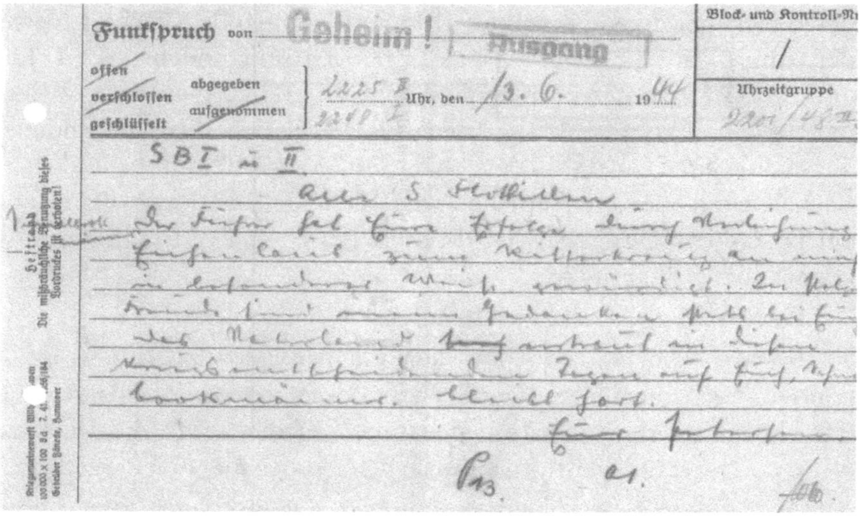

Funkspruch von Geheim! Ausgang

offen

verschlossen

geschlüsselt

abgegeben

aufgenommen

Uhr, den 13. 6. 1944

Block- und Kontroll-Nr. 1

Uhrzeitgruppe

SB I u. II

Bild 37 – Fernschreiben Petersens an die Flottillen

Am 11. Juli 1944 wurde er dann auf den Obersalzberg befohlen, um persönlich das Eichenlaub in Empfang zu nehmen. Anschließend erhielt er von Dönitz als Oberbefehlshaber der Marine (Ob.d.M.) das S-Bootskriegsabzeichen mit Brillanten.[88]

Mit den verbliebenen Booten war nicht mehr viel auszurichten. Zwar wurden Minen gelegt und ein neuer Langstreckentorpedo (T III D Dackel) eingesetzt, aber nennenswerte Erfolge blieben aus. Inzwischen hatten die Alliierten den Landekopf ausgeweitet und setzten zum Vormarsch auf Deutschland an. In der Nacht 29./30. August 1944 wurde Le Havre und sechs Nächte später auch Boulogne als Stützpunkt für die S-Boote aufgegeben. Damit war die bisherige Operationsbasis verloren und die Flottillen kehrten in ihre holländischen Stützpunkte und damit in ihr altes Operationsgebiet zurück. Von Rotterdam und Ijmuiden aus nahmen sie die Angriffe gegen die Geleite

[88] Die Überreichung des Kriegsabzeichens mit Brillanten an die Offiziere, die mit dem Eichenlaub ausgezeichnet wurden, fand in der Regel kurz danach durch den Ob.d.M. statt, in diesem Fall vermutlich am gleichen Tag beim Abendessen mit Dönitz. Vgl. Gerhard Wagner: Lagevorträge, München 1972, S. 598. Das erste Abzeichen dieser Art erhielt Kptlt. Werner Töniges am 16.12.1942 durch Raeder. Die späteren Abzeichen hatten eine leicht geänderte Form. Beide sind in der Militärgeschichtlichen Sammlung in Warnemünde zu sehen.

an der englischen Ostküste auf. Allerdings hatte sich die britische Abwehr inzwischen weiter verstärkt. Zum einen standen die bislang im Kanal gebundenen Kräfte der Royal Navy jetzt auch für die Bekämpfung der deutschen Schnellboote zur Verfügung, zum anderen flogen mit Radar und Suchscheinwerfern ausgerüstete Wellington-Bomber, die vorher in der U-Jagd eingesetzt waren, nun auch Aufklärung und Angriffe gegen die deutschen Boote bei Nacht. Hinzu kam die seit der Invasion eingespielte Zusammenarbeit zwischen radartragenden Zerstörern / Fregatten und MGB-Gruppen. Dies wurde beispielsweise den Boote S 183, S 200 und S 702 zum Verhängnis, als sie in der Nacht 18./19. September 1944 vor Dünkirchen auf die Fregatte Stayner und die von ihr geführten zwei Boote des Typs Fairmile D[89] trafen. So überraschend wurden sie bekämpft und versenkt, dass sie keinen Funkspruch mehr abgeben konnten. Erst am nächsten Tag erfuhr die deutsche Seite durch britische Rundfunkmeldungen von dem Verlust.[90] Gerade sieben Boote standen Petersen damit Ende September 1944 noch zur Verfügung. Eine Zahl, die sich im Oktober durch Zulauf instandgesetzter und neuer Boote wieder deutlich erhöhen sollte. In Anerkennung der bisherigen Leistungen, aber wohl auch, um die Bedeutung der Schnellbootswaffe als jetzt einzig verbliebenem Träger der Offensive im Überwasserkrieg herauszustellen, wurde Petersen am 1. Oktober 1944 zum Kommodore ernannt.[91]

---

[89] Fairmile D Boote waren eine Weiterentwicklung des Typ C, wie das seinerzeit erbeutete MGB 335, aber stärker bewaffnet mit 2 x 6 pdr (57 mm) und 2 Torpedorohren. Vgl. A. J. D. North: Royal Naval Coastal Forces 1939– 945, London 1972, S. 48 ff.

[90] Vgl. Bericht des aus der Gefangenschaft zurückgekehrten Chefs der 10. SFltl., Kptlt. Karl Müller, vom 23.12.1944; BAMA RM 7/31, Blatt 60–75.

[91] Die Dienststellung des Kommodore wurde am 01.04.1939 für Befehlshaber im Dienstgrad Kapitän zur See eingeführt. Die Inhaber waren erkennbar an der Mütze / dem Hut für Admirale, am Ärmel trugen sie einen breiten (Admirals-)Streifen, Schulterstücke und Epauletten jedoch wie Kapitän zur See. Bezeichnung: Kapitän zur See und Kommodore, Anrede: Herr Kommodore. Das Kommandozeichen war ein weißer Doppelstander, der auf einem weißen, in zwei Spitzen auslaufenden Quadrat ein Eisernes Kreuz zeigte und dem Geschwaderstander der Deutschen Marine seit 1956 gleicht. Vgl. Josef Zienert: Unsere Marineuniform, Hamburg 1970, S. 259 sowie MDv. Nr. 53 – Flaggen, Salut und Besuchsordnung für die Kriegsmarine v. 21.03.1932 (Nachdruck 1941).

Letzte Gefechte

Nachdem im September 1944 die Alliierten Antwerpen eingenommen hatten, wurde dieser Hafen bald darauf von ihnen für den Nachschub genutzt. Damit eröffnete sich für die Schnellboote auch die Möglichkeit, Geleite auf dem Themse-Schelde-Weg anzugreifen. Trotz erdrückender Übermacht wurden in insgesamt zehn Einsätzen Geleitwege vermint und auch einige Erfolge erzielt.[92] Als dann am 16.12.1944 die deutsche Ardennen-Offensive anlief, war die Marine überrascht. Aus Geheimhaltungsgründen war sie von der Planung ausgeschlossen gewesen und hatte deshalb auch keine Kräfte vorsorglich bereitstellen können. Jetzt aber sollte sie helfen. Die Nachricht kam direkt aus dem Führerhauptquartier: „Entwicklung Angriffsunternehmens Wacht am Rhein kann Verhinderung Auslaufens engl. Schiffe aus Antwerpen zu Schwerpunktaufgabe Kriegsmarine gestalten. Führer bittet Ob.d.M. alles in dieser Hinsicht Mögliche vorzubereiten."[93] Auf Vorschlag Petersens wurden dann umgehend die 2. und 6. SFltl., die sich zur Auffrischung in der Heimat befanden, die 4. SFltl. aus Norwegen und die 5. SFltl. aus der östlichen Ostsee in den Hollandraum befohlen, um mit Schwerpunkt den Scheldeverkehr anzugreifen. Doch die Verlegung brauchte ihre Zeit. Erst Anfang des Jahres 1945 verfügte Petersen wieder über 26 Boote, mit denen er im Wechsel zwischen Mine und Torpedo sowohl die alten Geleitwege als auch den Themse-Schelde-Weg angriff. Hier gab es jedoch Schwierigkeiten, da Dönitz den Mineneinsatz verbot. Er setzte eindeutig auf das neue Klein-U-Boot SEEHUND, von dem er Hitler am 3. Januar vorgetragen hatte, dass damit monatlich 100 Torpedos an den Feind getragen würden, „...das ergibt bei 20% Treffern eine Versenkungsziffer von etwa 100.000 BRT"[94]. Dass dies bar jeder Realität war, hatten die Schnellboots- wie U-Boots-Einsätze der letzten Jahre eindeutig gezeigt. Dennoch setzte Dönitz auf dieses neue Seekriegsmittel und gab deren Einsatz auf dem Themse-Schelde-Weg am 14. Februar 1945 frei. Kurze Zeit später erwog Dönitz sogar wegen des Auftretens russi-

---

[92] Versenkt wurden 1 LST, 1 LCT, 1 Trawler, 2 Handelsschiffe sowie ein Handelsschiff beschädigt. Vgl. Gerhard Hümmelchen: Die deutschen Schnellboote im Zweiten Weltkrieg, Hamburg 1996, S. 192 ff.
[93] KTB Skl (A), Bd. 64/II vom 16.12.1944, S. 394.
[94] Gerhard Wagner: Lagevorträge, a.a.O., S. 630.

scher Schnellboote, die gesamte Schnellbootswaffe in die Ostsee zu verlegen, da „...bei schlechtem Wetter die S-Boote im Westen keine Einsatz- und Erfolgsmöglichkeiten haben, während sie bei gutem Wetter durch die kleinen Kampfmittel zu ersetzen sind"[95]. Dagegen wehrte sich Petersen, unterstützt vom Marineoberkommando Nord, dem die S-Boote nach Auflösung der Gruppe West[96] unterstanden, sowie dem Flottenkommando, die sich beide für einen Verbleib im Westraum aussprachen, um weiterhin alliierte Kräfte zu binden, und seinen Antrag auf Freigabe des Minenwurfes im Operationsgebiet unterstützten. Dönitz gab nach, nur die 5. SFltl. verlegte in die Ostsee und mit zwei Minenoperationen konnten insgesamt sechs Schiffe mit 25.000 BRT versenkt werden.

Im Frühjahr 1945 bot die alliierte Seite zur Geleitsicherung und zum Kampf gegen die Schnellboote mehr als 60 Zerstörer, Fregatten und Korvetten, über 60 MGBs und 40 MLs auf.[97] Teile von ihnen nutzten bereits die belgischen und niederländischen Häfen Zeebrügge und Vlissingen. Auch die britischen Jagdbomber starteten inzwischen aus diesen Gebieten. Die deutschen Boote konnten sich jetzt auch nicht einmal mehr auf Ruhe in den ehemals sicheren Liegeplätzen der Stützpunkte verlassen. Tonnenschwere Bomben[98] zerschlugen die Bunkerdecken und zwangen zu weitgestreuter Auflockerung unter ohnehin schon permanenten Luftangriffen. Trotz dieser erdrückenden Überlegenheit kamen die Boote bis in die letzten Tage hinein immer noch zu Erfolgen, indem Petersen die Ziele wechselte, das Angriffsgebiet durch abrupte Kurswechsel verschleierte und Minen wie Torpedos nutzte. Der Einsatz vom 28. Februar/1. März 1945 ist ein Beispiel dafür. Die britische Seite war beeindruckt: „Die Angriffe der deutschen Schnellboote werden mit zunehmender Stärke und

---

[95] KTB Skl (A), Bd. 66 vom 20.02.1945, S. 209 f.

[96] Die Gruppenkommandos wurden im Herbst 1944 aufgelöst (Gruppe West am 20.10.1944), die Führung übernahmen Marinekommando Nordsee, Ostsee, Norwegen, Süd und West. Vgl. Lohmann-Hildebrandt: Kriegsmarine, Bd. I; Bad Nauheim 1956, S. 40 ff, sowie Konrad Ehrensberger: 100 Jahre Organisation der deutschen Marine, Bonn 1993, S. 47 und 53 f.

[97] Vgl. S. W. Roskill: The War at Sea 1939 - 1945, Vol. III/2, London 1961, S. 268, 277, 437

[98] Bomben vom Typ Tallboy mit 5,5 t Gesamtgewicht. Vgl. James Foster Tent: E-Boat Alert, Annapolis 1996, S. 107.

neuartigen Angriffstaktiken – wie niemals zuvor – durchgeführt. Angriffe – durch mehrere Einheiten – sind ausgerichtet auf zwei oder drei Ziele und die Angriffspositionen wechseln jede Nacht."[99]

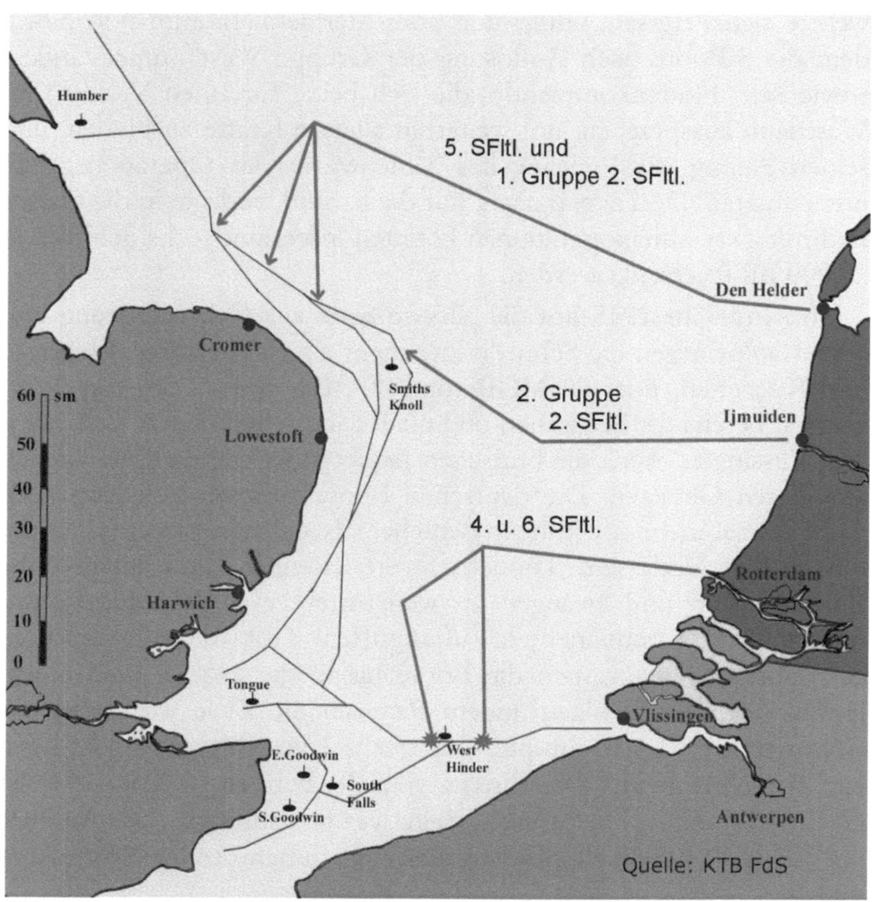

Bild 38 – Einsatz am 28.02./01.03.1945

Es waren eingefahrene Verbände mit einer eingespielten Führung, die kämpften, obwohl es eigentlich nichts mehr zu gewinnen gab, wie es der damalige OltzS Hans Joachim Quistorp im Rückblick formu-

---

[99] KTB Homefleet vom 01.03.1945; zitiert bei: Gerhard Hümmelchen: Die deutschen Schnellboote im Zweiten Weltkrieg, Hamburg 1996, S. 205.

lierte: „Wozu? Das wagten wir schon nicht mehr zu beantworten. Ob wir mit dem Mut der Verzweiflung durchhielten, weil der Schnellbootkrieg bis zum letzten Ende glaubwürdig begründet werden konnte? Das Binden feindlicher Kräfte zur Entlastung der Verteidigung des Reichsgebiets mag vom grünen Tisch her ein vertretbares Rest-Ziel gewesen sein, schließlich die große Fluchthilfe über die Ostsee im Mai 1945. An der Westfront ging es nur noch um die verdammte Pflicht und Schuldigkeit."[100]

Von Rotterdam und Den Helder aus fuhren sie die letzten Einsätze, bis der Mangel an Treiböl ab Mitte April keine Einsätze mehr zuließ. Ein Teil der Boote wurde noch in die Ostsee verlegt, wohin sich auch Petersen begab, um von dort aus für mögliche Operationen gegen die Sowjets zur Verfügung zu stehen. Die Bilanz des Jahres 1945 ergab: Sechs Schiffe mit 12.972 BRT durch Torpedos, 25 Schiffe mit 75.999 BRT durch Minen versenkt, sieben Schiffe mit 26.408 BRT erlitten schwere Beschädigungen bei eigenem Gesamtverlust von 15 Booten. Bei Kriegsende lagen in Rotterdam die 4., 6. und 9. SFltl. mit insgesamt 17 Booten und in Den Helder die 2. SFltl. mit 4 Booten.

---

[100] Hans Joachim Quistorp, in: Rebensburg: Erinnerungen an den Schnellbootseinsatz im Westen 1940–1945, Bonn 1999, S. 55.

Bild 39 – eine der letzten Musterungen im Winter 1944/45 vor dem zerschossenen Bunker von Ijmuiden. Der sogenannte „Deutsche Gruß" war nach dem Attentat auf Hitler vom 20. Juli 1944 alleiniger Gruß in der Wehrmacht

Konflikte mit der Marineführung

Petersen hatte wiederholt Auseinandersetzungen mit seinen Vorgesetzten über operative Fragen und Einsätze. In den vorangegangenen Kapiteln sind diese jeweils kurz erwähnt. Die bedeutendsten dieser Differenzen werden im Folgenden noch einmal ausführlich dargelegt, da sie ein besonderes Licht auf die Persönlichkeit Petersens und seine Art des Handelns und Führens werfen.

Admiral Marschall, Befehlshaber Marinegruppenkommando West

In der Nacht 18./19. Februar 1943 meldete sich S 71 von der 6. SFltl. nach einem Gefecht mit Zerstörern nicht mehr und war auch nicht unter den heimkehrenden Booten. Petersen erhielt auch über die Funkaufklärung keine Meldung über eine Versenkung. Er schloss deshalb nicht aus, dass S 71 bei der vorhandenen schlechten Sicht noch schwimmend, aber manövrierunfähig im Seegebiet trieb. Als eine sofort erbetene Luftaufklärung aufgrund der Wetterlage nicht starten konnte, befahl Petersen am Morgen die Suche aller drei verfügbaren Flottillen nach dem vermissten Boot. Allerdings vergeblich, denn der britische Geleitzerstörer GARTH hatte das Boot bereits um Mitternacht versenkt, wobei auch sieben Überlebende gerettet wurden. Die vorgesetzte Gruppe West rügte das Vorgehen Petersens, da der Einsatz aller klaren Boote nur unter ganz besonderen Umständen gerechtfertigt sei. Doch damit nicht genug, anschließend befahl Admiral Marschall als Befehlshaber Gruppe West, solche Maßnahmen in Zukunft durch die Gruppe West billigen zu lassen. „Der Hinweis auf die Notwendigkeit, die Kampfkraft der Schnellboote bei jeder sich bietenden Gelegenheit im offensiven Einsatz auszunutzen, trifft mich – der ich mich trotz der defensiven Gesamtlage im Westraum und trotz der defensiven Einstellung weiterer Führungskreise stets bemüht habe, die S-Boote, soweit es irgend geht, im ständigen offensiven Einsatz zu halten und hierfür alle Voraussetzungen zu schaffen – besonders"[101], notierte Petersen in seinem Kriegstagebuch. Darauf reagierte Marschall wiederum, diesmal fernschriftlich, in scharfer Form. Peter-

---

[101] KTB FdS vom 21.02.1943, fol. 18.

sen beantragte eine persönliche Meldung beim Oberbefehlshaber West und berichtete nach Rückkehr aus Paris seinen Vertrauten: „Die halten uns für feige."[102] Doch Marschall bestätigte sein Vertrauen in die Schnellbootführung in einem Brief und rügte seinerseits Argwohn und Empfindlichkeit des FdS. Petersen hat dieses Misstrauen in seine Schnellbootwaffe lange beschäftigt, noch nach dem Kriege versuchte er in einem persönlichen Gespräch mit Marschall, diese Differenzen zu klären.

Doch die Spannungen blieben. Im März 1943 befahl die Gruppe West die Aufteilung der Schnellboote in drei Gruppen nach Cherbourg, Boulogne und Ostende, um gegen eine befürchtete Invasion bereitzustehen. Petersen trug darüber Dönitz, dem neuen Oberbefehlshaber der Marine, bei seinem Besuch in Ostende am 25. März 1943 vor, worauf noch am gleichen Tag die Gruppe West dem FdS gestattete, in seine alten Einsatzräume zurückzukehren und den Kampf gegen die britischen Geleite wieder aufzunehmen.

Admiral Krancke, Befehlshaber Marinegruppenkommando West[103]

Im September 1943 lief eine gemeinsam mit der Luftwaffe vorgesehene Minenoffensive an. Neue Zünder, die die Minen in Intervallen unscharf stellten, sollten die Räumung erschweren. Mit insgesamt vier Flottillen führte Petersen die Minenoperationen durch. Doch bereits im Oktober meldete die Luftwaffe sich aus der Operation ab, da „...auf Befehl des Führers der Schwerpunkt der Luftkriegsführung gegen England in der nächsten Zeit auf Angriffen gegen Städte zu liegen hat"[104]. Als dann auch aus der Funkaufklärung zu ersehen war, dass der Gegner die neue Zündung mit seinen Räummitteln beherrschte, brach Petersen von sich aus die Minenoffensive ab und kehrte ab Mitte Oktober 1943 wieder zu dem normalen Wechsel zwischen Torpedo- und Mineneinsätzen zurück. Die Eigenständigkeit des FdS – aber auch die geringe operative Kontrolle durch die Grup-

---

[102] Bernd Rebensburg: Erinnerungen, a.a.O., S. 35.
[103] Admiral Theodor Krancke löste am 20.04.1943 Admiral Wilhelm Marschall als Oberbefehlshaber Marinegruppenkommando West ab.
[104] KTB FdS vom 10.10.1943, fol. 21.

pe West – wurde daraus deutlich, dass diese von dem Abbruch der von der Seekriegsleitung (Skl.) angeordneten Minenoffensive erst zwei Monate später durch Vorlage des Kriegstagebuches erfuhr. Skl. und Gruppe West rügten die Eigenmächtigkeit Petersens mit scharfen Worten.[105] Als Petersen seine Argumente erneut vortrug, blieb es zwar bei der Rüge, aber die Richtigkeit seiner Darlegung überzeugte auch die Kritiker, es blieb bei dem Abbruch der Offensive.

Dennoch, es wurde immer offensichtlicher, dass Krancke und Petersen unterschiedliche strategisch-operative Vorstellungen hatten. Gruppe West sah als ihre Hauptaufgabe den Schutz der eigenen Geleite und der Küste sowie das sichere Ein- und Auslaufen der U-Boote und das Einbringen der Blockadebrecher an. Demzufolge wollte Krancke die S-Boote stärker in die Geleitsicherung einbinden und forderte eine verstärkte Artilleriebewaffnung zulasten der Reservetorpedos. Auch setzte er die Boote wiederholt gegen von den deutschen Küstenfunkmessstellen geortete Ziele ein. Einsätze, die allerdings alle ins Leere liefen, da die Ortungsergebnisse entweder zu mangelhaft oder sogar Fehlmeldungen waren.

Dem hielt Petersen, trotz verminderter Erfolge, unverändert das Konzept des Kampfes gegen den britischen Nachschub entgegen und legte in einer Denkschrift vom 6. November 1943 noch einmal seine Vorstellungen nieder und schloss: „Ich sehe trotz der Auffassung der Gruppe West, dass die Zeit der zu Buche schlagenden Erfolge der Schnellbootswaffe vorbei wäre, nach wie vor meine wichtigste Aufgabe darin, die Waffe offensiv gegen die englische Handelsschiffstonnage zum Einsatz zu bringen ..."[106]

Drei Wochen nach der Invasion im Juni 1944 – Wochen, in denen die Boote Nacht für Nacht gegen einen übermächtigen Gegner anrannten und nur noch selten Erfolge erzielten, aber herbe Verluste hinnehmen mussten – glaubte Admiral Krancke, „...dass die für die Boote im Invasionsfall gegebenen Befehle zu rücksichtslosem Einsatz in Vergessenheit geraten sind und zu oft bei nicht idealen Sichtverhältnissen vorzeitig abgebrochen wird"[107]. Auch hier stand unausge-

---

[105] Vgl. KTB Skl. (A), Bd. 52 vom 12.12.1943, S. 203 ff.
[106] Anlage zu KTB FdS vom 1.–15.11.1943, fol. 163.
[107] KTB Gruppe West vom 25.06.1944, fol. 48.

sprochen der Vorwurf der Feigheit im Raum. Petersen wehrte sich erneut und fuhr nach Le Havre, um persönlich mit den Flottillenchefs und Kommandanten zu sprechen und diese zu beruhigen. Unbeirrt blieb er dann aber bei seinen bisher gewählten Einsatzformen. Chancen und Risiken hatten aus seiner Sicht auch weiterhin in einem angemessenen Verhältnis zueinander zu stehen.

Bild 40 – Petersen, Krancke und Feldt bei einer Musterung 1944

Und es gab weitere Differenzen. So, als die S-Boote auf Weisung des Oberbefehlshabers der Marine ab August 1944 den Langstreckentorpedo T III D Dackel[108] erhielten, um die Landungsflotte besser bekämpfen zu können. Von der Hafeneinfahrt Le Havre aus geschossen, sollte er in das eigentliche Landungsgebiet laufen und dort in großen Schleifen alliierte Fahrzeuge treffen. Petersen war skeptisch. Wohin würde der Gezeitenstrom den Langsamläufer bringen, würden

---

[108] Torpedo T III D Dackel, Länge 10 m, Geschwindigkeit 9 kn, Laufstrecke 30 sm, Laufzeit ca. 3,5 Stunden. Vgl. KTB Gruppe West vom 08.07.1944, fol. 51.

die Schiffe nicht die Blasenbahn frühzeitig erkennen und erfolgreich ausweichen? Vor allem besorgte ihn, dass in den Nächten mit Dackel-Einsatz ein weiterer Einsatz nicht mehr möglich sein würde, da die Boote zur Nachladung von Torpedos oder zur Minenbeladung erst in den Hafen zurücklaufen mussten. Nach den ersten Einsätzen ergab sich aus dem Funkbild kein Erfolg, dies aber war für Petersen seit langem unerlässlich, um einen Versenkungserfolg überhaupt anzuerkennen. Nicht so der Oberbefehlshaber Gruppe West. „Diese Beurteilung kann ich nicht teilen, da auch bei nachweisbaren Erfolgen der Kleinkampfmittel B-Diensterkenntnisse gleich null waren. Das Fehlen von B-Diensterkenntnissen erscheint mir daher kein Grund für eine allzu ungünstige Beurteilung des Langstreckenläufers."[109] Wieder einmal zeigte sich, wie das Wunschdenken in der höheren Führung die Realität der Frontführer überstrahlte. Den 91 geschossenen Dackeln konnten insgesamt höchstens vier Erfolge zugeschrieben werden. Weitere beobachtete und gehörte Detonationen rührten vermutlich von dem Auftreffen einzelner Torpedos auf die als Wellenbrecher vor den künstlichen Häfen versenkten Kriegsschiffe her, worunter sich auch ein altes Schlachtschiff befand.[110] Petersens lag also mit seiner Beurteilung wieder einmal richtig.

Großadmiral Dönitz, Oberbefehlshaber der Kriegsmarine

Im Januar 1945 erfolgte die Kritik vom Oberbefehlshaber der Marine (Ob.d.M.) persönlich. Nach einem Angriff, bei dem vor der Themsemündung nur ein großes Landungsschiff versenkt wurde, fragte Dönitz: Warum waren „... nicht sämtliche Boote konzentrisch auf den Schwerpunktauftrag Scheldeverkehr angesetzt?"[111] Der Aufforderung der Skl. zur schriftlichen Stellungnahme nachkommend, legte Peter-

---

[109] KTB Gruppe West vom 17.08.1944, fol. 125.

[110] Auch drei Wochen nach der Landung waren auf deutscher Seite die künstlichen Häfen noch nicht erkannt worden: „Vor Ornemündung Schiffsansammlungen in größerer Zahl. In der Mitte ein altes franz. Schlachtschiff mit Dreibeinmast, anscheinend auf Grund liegend. Nördlich davon weitere gesunkene Schiffe..., ein Großteil der gesunkenen Schiffe wird vermutlich auf Minen gelaufen sein." KTB Gruppe West vom 27.06.1944, S. 6.479.

[111] KTB Skl. (A), Bd. 65 vom 16.01.1945, S. 277, das Landungsschiff LST 415 wurde nur torpediert.

sen noch einmal seine in den langen Jahren der Einsätze im Kanal entwickelten Führungsgrundsätze dar:

- Da das S-Boot nicht in der Lage ist, Sicherungsfahrzeuge in Nah- und Fernsicherung niederzukämpfen, muss es durch diese durchbrechen. Dies erfordert Bewegungsfreiheit.

- Auf ein Ziel operierende Anzahl von S-Booten wird durch räumliche Ausdehnung des Zieles, Geografie und Mindestabstand der Angriffseinheiten untereinander bestimmt.

- Angriffseinheit besteht aus drei bis vier Booten, Abstand der Angriffsgruppen voneinander mindestens 5 sm. Bei drei Gruppen gelingt erfahrungsgemäß einer Gruppe der Durchbruch.

- Wenn das Geleit nicht von allen Seiten angreifbar ist, können auf einen 4 sm langen Geleitzug höchstens vier Gruppen gleichzeitig operieren.

- Wenn genügend Zeit zur Verfügung steht, kann in mehreren Wellen mit je höchstens 16 Booten angegriffen werden. Angriff der zweiten Welle erfolgt etwa zwei Stunden nach Angriffsbeginn erster Welle.

Mit dieser Darlegung forderte Petersen aber auch „... Operationsfreiheit, die es mir gestattet, den Gegnernachschub mit Torpedo und Mine dort anzugreifen, wo die Erfolgsaussichten am größten sind, d.h. Freigabe des Angriffs aller Kräfte im gesamten Gebiet ..., Gestellung einer regelmäßigen Luftaufklärung ... und Weiterentwicklung FuMB[112] und FuMO"[113].

Auch nach Eingang dieser Stellungnahme blieb Dönitz bei seiner Kritik und wurde wenige Tage später in einem Schreiben an Petersen konkret.

In diesem Schreiben bemängelte Dönitz, „... dass Schonung der eigenen Kräfte und Vermeidung zu großen Risikos bei Abstimmung mit Forderung, Wunsch und Drang möglichst weitgehender Schädi-

---

[112] FuMB = Funkmessbeobachtungsgerät / FuMO = Funkmessortungsgerät (RADAR).
[113] Fernschreiben FdS vom 20.01.1945, in: Bundesarchiv-Militärarchiv (BAMA) RM 7/158, S. 241.

gung des Feindes zu starke Berücksichtigung fanden. ... Die Dinge lagen und liegen anders als bei der U-Bootswaffe, ... bei der Schonung der Kräfte und Vermeidung zu hohen Risikos nicht annähernd die Rolle spielten wie bei der S-Bootswaffe"[114]. Und er forderte, folgende Fragen sofort einer praktischen Überprüfung zu unterziehen:

1) Ist das Maximum tatsächlich mit vier Gruppen zu vier Booten erreicht, muss die 2. Welle wirklich erst zwei Stunden später angreifen?

2) Gibt es nicht Möglichkeiten, einen die Boote jagenden Zerstörer zu bekämpfen?

3) Für das Schnellboot als Offensivwaffe gilt, dass Kampf vor Sicherung geht; ist es daher notwendig, einen eigenen Havaristen zurückzubegleiten?

4) Muss an 2.000 m Schattensicht als unterster Grenze der Einsatzmöglichkeit festgehalten werden?

Die Kritik in Frageform schloss mit der Feststellung: „Auch bei der noch relativ geringen Bootszahl hat der Gedanke der Schonung und Risikovermeidung hinter den Willen zur Vernichtung des Gegners zurückzutreten. Große Erfolge werden immer nur dann erzielt, wenn hoher Einsatz gewagt wird."[115]

Auch hier wieder der indirekte Vorwurf der Feigheit. Und erneut legte Petersen kühl und sachlich das Rational für seine in vielen Gefechten erprobten und bewährten Einsatzgrundsätze dar. Denn im Gegensatz zu der Auffassung des Ob.d.M. waren ja die Grundvoraussetzungen geblieben, allerdings hatten sie sich weiter zum Nachteil der deutschen Seite verändert. Die eigene Luftaufklärung war zum Erliegen gekommen, die Zahl der eigenen Boote zurückgegangen, die Abwehrkräfte und Ortungsüberlegenheit des Gegners bei totaler Luftherrschaft gewachsen.

Im Einzelnen führte er aus:

---

[114] Schreiben Ob.d.M. B.Nr. 1/Skl. 7 Schn. 2.538/45 gKdos vom 31.01.1945, in: BAMA RM 7/261, S. 121 f. Vgl. auch KTB Skl (A), Bd. 66 vom 01.02.1945, S. 9.
[115] BAMA RM 7/261, S. 123.

Zu 1: Das Maximum von vier Gruppen ist immer dann erreicht, wenn – wie auf dem Themse-Schelde-Weg gegeben – nur von einer Seite angegriffen werden kann und das Geleit selbst eine geringe Ausdehnung hat. Der Angriff einer 2. Welle setzt bei der Dichte der Abwehr und der ununterbrochenen Erhellung des Gefechtsfeldes das Abflauen der Gefechtstätigkeit und das Absetzen der 1. Welle voraus. Anderenfalls ist der 2. Welle durch laufende Artillerieduelle, durcheinanderlaufende eigene und feindliche S-Boote und Nebelverwendung die Möglichkeit zur Unterscheidung von Freund und Feind nicht gegeben. Auch setzt der planvolle Durchstoß zum Geleit die Geleitmeldung durch die erste Welle voraus, sonst ist auch dieser Angriff zur Erfolglosigkeit verurteilt.

Zu 2: Ziel der gegnerischen Zerstörer in der freien Patrouille ist es, die S-Bootsgruppen aufzusplittern, um sie dann durch MGBs abzufangen und zu vernichten. Trefferaussichten gegen Zerstörer aufgrund hoher Auftreffgeschwindigkeit und unentwegter Kurs- und Fahrtänderungen äußerst gering. Von 56 dabei eingesetzten Torpedos bislang lediglich einmal Treffer erzielt. Außerdem ist Ziel des Torpedoeinsatzes der Geleitzug.

Zu 3: Grenze des Abstandes zur Basis, von der aus ein Havarist zurückgeleitet werden muss, ist jetzt weiter gezogen. Dennoch muss es in Abhängigkeit von der Lage der Entscheidung des Flottillenchefs in See vorbehalten bleiben, ab wann ein Boot einzeln oder geleitet zu entlassen ist.

Zu 4: Hinsichtlich der unteren Sichtgrenze bei Minenunternehmungen sind jetzt 1.000 m Schattensicht festgelegt. Bei Torpedoeinsätzen wird ein Unterschreiten von 2.000 m nicht möglich sein, da selbst bei Aufprall auf ein gestopptes Ziel die zur Verfügung stehende Zeit von knapp zwei Minuten nicht ausreicht, um die Lage zu erkennen und den Angriff zu entwickeln. Darüber hinaus gilt es zu bedenken, dass der Gegner die eigenen Boote frühzeitig ortet und abwehrbereit ist.[116]

---

[116] Vgl. Fernschreiben FdS vom 15.02.1945; in: BAMA RM 7/158, S. 185 ff. Vgl. auch Henning Hoops: Der Einsatz von Schnellbooten 1945; in: Flottenkommando (Hrsg.): 27. Historisch-Taktische-Tagung der Flotte 1987, Glücksburg 1987, S. 285 ff.

Größer konnte die Diskrepanz nicht sein. Auf der einen Seite der Führer der Schnellboote, der wie kein zweiter – auch aus vielen direkten Teilnahmen an Einsätzen – um die Realität des modernen Überwassergefechtes wusste. Der vor allem auch die Ortungsüberlegenheit der alliierten Seite kannte und deren Fähigkeit zur Zusammenarbeit von Zerstörern, Motorkanonenbooten, Jagdbombern und der Küstenorganisation richtig einzuschätzen vermochte.

Auf der anderen Seite ein Oberbefehlshaber, der – fern jeder Realität – auf den bloßen Einsatzwillen setzte und der nicht in der Lage war, den Zusammenhang von Technik und Taktik zu erkennen, der das Überwassergefecht nicht kannte und dem auch das Verständnis für die verbundene Seekriegsführung völlig fehlte.

In seiner Stellungnahme hatte Petersen versucht zu erklären, dass ein frei manövrierender Zerstörer etwas anderes sei als ein in die U-Jagd eingebundener. Dies war schon deutlich geworden, als die Schnellboote mit dem auf Geräuschquellen zielenden, aber langsamen Torpedo Zaunkönig gegen mit hoher Fahrt laufende und ständig Kurs ändernde Zerstörer keine Erfolge erzielten und deshalb gezwungen waren, wieder zu dem geradeaus laufenden, aber schnellen Torpedo G 7a zurückzukehren.[117] Und er hatte versucht zu erläutern, dass ein von Leuchtgranaten erhelltes und von angreifenden wie gejagten S-Booten belebtes Gefechtsfeld etwas anderes sei als ein Geleitgefecht im Atlantik.

Doch vergeblich. Dönitz hakte nach und fragte nach einem Einsatz am 1. März 1945, „... ob nicht die guten Sichtverhältnisse den Einsatz der feindl. Zerstörer und MGBs ... begünstigt haben und demnach geringere Sicht für den eigenen S-Bootseinsatz günstiger ist“[118]. Die gleiche Auffassung, dass geringere Sicht den Angreifer begünstigt, war auch schon der SCHARNHORST zum Verhängnis geworden, als sie den Auftrag zum Angriff auf einen Geleitzug nach Art des „Kreuzerkrieges“[119] erhielt und in der Polarnacht 25./26. Dezember 1943 im Schneetreiben mit Sichtweiten von 2–3 sm gegen

---

[117] Zaunkönig (T V): 24,5 kn und 3 sm Laufstrecke, G 7a (T I): 40 kn und 4,3 sm Laufstrecke. Vgl. Hans Frank: Die deutschen Schnellboote im Einsatz, Hamburg 2006, S. 85 und 186.
[118] BAMA RM 7/158, S. 140.
[119] Vgl. KTB Skl. (A), Bd. 52 vom 25.12.1943, S. 217.

Kräfte mit überlegenen Ortungsgeräten antreten musste. Wie groß damals aber die Unkenntnis in der Marineführung über die Ortungsfähigkeiten des Gegners war, zeigt die Randbemerkung des Chefs der Seekriegsleitung, VAdm. Wilhelm Meisel, auf der Lagebeurteilung des Befehlshabers der Kampfgruppe (B.d.K.), dass bei schlechter Sicht „… die englischen Kreuzer auch nicht schießen können".[120] Nach dem Untergang der SCHARNHORST stellte die Seekriegsleitung dann ernüchtert fest: „Die Haupterfahrung des Gefechtes ist die, dass der Gegner auf Tagessichtweite in der Dunkelheit orten und sicheres Artillerieschießen auf Tagesweitenentfernung durchführen kann. Der einzige Vorteil, den die geringe Sichtweite in der Nacht durch die Möglichkeit der Überraschung dem Unterlegenen bisher gab, ist damit hinfällig."[121]

Die Antwort Petersens: Ja, er stimme der Ansicht zu, dass in einer Nacht mit sehr guter Sicht eine erhöhte Luftbedrohung hinzukomme. Andererseits – und hier machte der erfahrene Seebefehlshaber klar, worauf es ankam – „… schafft gute Sicht den S-Booten erst Vorraussetzungen taktischen Verhaltens gegenüber Geleiten und Zerstörern. Hier wird ein grundsätzl. Wandel erst nach Einführung eines brauchbaren FuMO auf S-Booten zu erzielen sein"[122]. Das war die Realität, in der die „Blinden" gegenüber den „Sehenden" kaum eine Chance hatten.

Eine Realität, die offensichtlich in der Führung der Kriegsmarine aber so nicht wahrgenommen wurde, sondern in der geglaubt wurde, man müsse nur wollen, dann würde sich der Erfolg auch einstellen.

Ob Dönitz überzeugt war, ist nicht belegt. Hitler gegenüber behauptete er, dass er eingegriffen hätte und die erfolgreiche Aktivität der Schnellboote in letzter Zeit bewiesen habe, wie richtig dies gewesen sei.[123] Danach kam jedenfalls keine Kritik mehr von seiner Seite. Petersen aber blieb dabei, wie auch in der Vergangenheit, vollen Ein-

---

[120] BAMA RM 7/1684 S. 90. Vgl. auch Wolfgang Koehler: Der Einsatz der Führungsdienste bei der Operation „Ostfront" vom 25. bis 27. Dezember 1943, in: Heinrich Schuur, Rolf Martens, Wolfgang Koehler: Führungsprobleme der Marine im Zweiten Weltkrieg, Freiburg 1973, S 95–148.
[121] KTB Skl. (A), Bd. 52 vom 27.12.1943, S. 450.
[122] BAMA RM 7/158, S. 70.
[123] Vortrag vom 20.03.1945, vgl. Wagner: Lagevorträge, a.a.O., S. 683.

satz zu fordern, bei dem aber das Risiko in Verantwortung gegenüber seinen Besatzungen beherrschbar bleiben musste.

Bild 41 – Petersen (Mitte) mit Dönitz bei einer
Musterung der 4. SFltl. 1943

Kriegsende, Fahnenflucht und Kriegsgericht

Im Mai 1945 waren in der Ostsee noch die neu aufgestellte 1. SFltl.,
die 5. SFltl. und die 2. SSchulFltl mit dem Begleitschiff TSINGTAU
im Einsatz. Sie sicherten die Schiffe, die Flüchtlinge von der Halbinsel
Hela und Soldaten aus dem Kurlandkessel nach Westen transportier-
ten. Als letzte Einheiten verließen diese Einheiten in der Nacht 8./9.
Mai 1945 Libau und trafen in der folgenden Nacht mit 2.000 Heeres-
soldaten an Bord in der Geltinger Bucht ein. Hier hatten sich in den
Tagen davor schon Boote der anderen Flottillen, die sich entweder
zur Instandsetzung oder zur Ausbildung in der Ostsee befanden, gesammelt.

In Südnorwegen führten die 8. SFltl. und die 1. SSchulFltl. Geleit-
schutzaufgaben durch, bei Kriegsende lagen sie in Egersund.

Im Mittelmeer waren von den dort insgesamt eingesetzten 22
Booten der 3. und 7. SFltl. 15 verloren gegangen, die verbliebenen
sieben Boote hatten sich am 3. Mai 1945 aufgrund der am Vortag
eingetretenen Kapitulation deutscher Truppen an der Südfront in
Ancona (Italien) ergeben, die Besatzungen gingen in britische Gefangenschaft.

Im Schwarzen Meer waren bereits alle 13 dorthin überführten
Boote der 1. SFltl. entweder durch Feindeinwirkung gesunken oder
hatten sich am 29. August 1944 vor Varna (Bulgarien) auf Weisung
der Skl. selbst versenkt, da ihnen nach dem Frontwechsel Rumäniens
und der Neutralitätserklärung Bulgariens kein Stützpunkt mehr
verblieben war.[124] Die Besatzungen schlugen sich auf teilweise aben-
teuerlichen Wegen durch den feindlich gewordenen Balkan in die
Heimat durch und stellten dort Ende 1944 neue Boote in Dienst.[125]

Die Schnellbootslehrdivision hatte Anfang 1945 vor den heran-
nahenden sowjetischen Truppen Swinemünde geräumt und zusammen mit der 3. SSchulFltl. nach dem dänischen Hafen Svendborg an
der Südküste der Insel Fünen verlegt. Ende April musste aber der

---

[124] KTB Skl (A), Bd. 60 II vom 29.08.1944, S. 767 f.
[125] Vgl. Hermann Büchting,, Chef der 1. SFltl. 09.43 – 05.45: Einsatz der 1. SFltl.
1942–1945 , ca. 1960, in: Archiv Freundeskreis Schnellboote und Korvetten, Warnemünde, S. 12 f..

Ausbildungsbetrieb wegen Brennstoffmangels eingestellt werden. Das damit freiwerdende Personal sollte, ausgerüstet mit leichten Flakwaffen, für den Landeinsatz vorbereitet werden.[126] Dafür hatte die Schnellbootslehrdivision ein Bataillon zusammenzustellen.

In der Zwischenzeit hatten sich in der Geltinger Bucht neben den bereits dort befindlichen Schnellbooten weitere Einheiten eingefunden. „Der Donnerstag, 3. Mai, brachte uns ein erhebendes Schauspiel. Am Morgen schon zeigten sich in unserer Bucht größere und kleinere Handelsschiffe, die hier ankerten. Bald kamen U-Boote und im Laufe des Tages ein Zerstörer. Es war ein wunderbares Bild, in unserer ruhigen Geltinger Bucht Schiff an Schiff zu sehen, und doch stimmte uns der Anblick der vielen Schiffe recht traurig, wussten wir doch, dass hier der letzte Zufluchtsort unserer Schiffe war, und dass das Ende bevorstand."[127]

Petersen und sein Chef des Stabes, Herbert-Max Schultz, waren am gleichen Tag, dem 3. Mai 1945, bei Dönitz, der nach dem Tod Hitlers am 1. Mai die Regierungsgewalt übernommen hatte und von der Marineschule Mürwik aus führte. In der Besprechung ging es um Gerüchte in Sonderburg bezüglich einer Übergabe an die Dänen. Daraufhin zog Petersen die beabsichtigte Verlegung des Schnellbootverbandes nach Aarhus zurück.[128]

Am 4. Mai war Petersen dann erneut bei Dönitz und wurde hier über die Lageentwicklung, die begonnenen Verhandlungen mit dem britischen Feldmarschall Montgomery über eine Teilkapitulation und über die Weiterverfolgung des Kampfes an der Ostfront unterrichtet. Ähnliches hatte Generaladmiral v. Friedeburg[129] gegenüber Petersen bereits in einem persönlichen Gespräch erwähnt und ihm den Auftrag erteilt, die Schnellboote als derzeitig einzigem einsatzbereitem Ver-

---

[126] KTB Skl. (A), Bd. 68 vom 19.04.1945, S. 299 f., sowie vom 20.04.1945 S. 306 f.

[127] Bernhard Asmussen: Untergang in der Geltinger Bucht, Kriegsende 1945 am Steinberger Haff; Chronik des Kirchspiels Steinberg, Sonderband 16, Breklum 2015, S. 11.

[128] Friedrich Kemnade: Abschrift von Tagebuchnotizen aus den letzten Kriegstagen, o.O. o.D.; Nachlass Kemnade, in: Archiv Freundeskreis Schnellboote und Korvetten, Warnemünde, S. 1.

[129] v. Friedeburg, Oberbefehlshaber der Kriegsmarine, nachdem Dönitz die Nachfolge Hitlers angetreten hatte.

band voll verfügbar zu halten. „Erstens als Verhandlungsobjekt bei den anberaumten Kapitulationsverhandlungen mit Montgomery, zweitens, um möglichst viele Menschen vor der Rache der Russen zu bewahren und drittens, weil es das deutsche Verhandlungsziel sei, mit den westlichen Alliierten sofort die Russen wieder nach Osten zurückzudrängen."[130] Bei der Musterung aller Schnellbootsbesatzungen auf einer Wiese bei Norgaardholz wiederholte v. Friedeburg dies und sagte: „Es ist nicht nur möglich, sondern sogar wahrscheinlich, dass wir mit den Engländern gegen die Russen marschieren."[131] Das Credo seiner Ansprache war die Aufforderung an die Besatzungen, Disziplin zu wahren, Waffen und Gerät zu pflegen und einsatzfähig zu bleiben. Der damalige OltzS Sanne nennt als Datum für die Musterung den Tag, an dem das Begleitschiffe CARL PETERS sank (14.05.1945), und gibt an, dass v. Friedeburg hauptsächlich über die Kapitulationsverhandlungen berichtet hätte.[132] Wann diese Musterung tatsächlich stattgefunden hat, lässt sich nicht mehr klären, wenngleich es unwahrscheinlich erscheint, dass der Ob.d.M. noch sechs Tage nach der Kapitulation eine solche Musterung – mit welchem Zweck – durchgeführt hat.

Am 5. Mai trat dann die Teilkapitulation mit Montgomery in Kraft. „Ab 05.05.45 08.00 Uhr dtsch. Sommerzeit Waffenruhe gegenüber den Truppen Feldmarschalls Montgomery. Sie umfasst alle Verbände des Heeres, der Kriegsmarine, der Luftwaffe und der Waffen-SS im Bereich der Niederlande, Friesland einschl. der West- und Ostfriesischen Inseln und Helgoland, Schleswig-Holstein und Dänemark. Sofort an sämtliche unterstellten Truppen bekannt geben. Eingang des Befehls nachprüfen, Truppe bleibt mit ihren Waffen in Stellung,

---

130 Bernd Rebensburg: Erinnerungen, a.a.O., S. 45.
131 Heinz-Friedrich Nitsche, seinerzeit Stv. Chef der 2. SSchulFltl., im Gespräch mit Norbert Rath im Herbst 1999.
An den Tenor der Rede konnte sich Nitsche genau erinnern, nicht aber an das tatsächliche Datum. Auch Gunnar Kelm, seinerzeit Kdt von S 305 bestätigt im Dezember 2015 gegenüber Hans Frank den Redeinhalt, kann sich aber nicht an das genaue Datum erinnern.
132 Brief Carl-Werner Sanne vom 17.09.1945 an seinen Schwager, KptLt a.D. Thilo Bode. Einen Auszug aus dem Brief stellte Bode im Oktober 1996 dem damaligen Amtschef des MGFA, KptzS Dr. W. Rahn, für die wissenschaftliche Auswertung ohne jede Auflage zur Verfügung.

in See befindliche Transportbewegungen der Kriegsmarine laufen weiter. Keinerlei Zerstörungen, Schiffsversenkungen und Kundgebungen. Sicherung aller Vorräte. Gehorsam und Disziplin mit eiserner Strenge aufrechterhalten. Weitere Befehle folgen.

gez. Keitel."[133]

Ein weiterer Befehl des Oberkommandos der Wehrmacht (OKW) / Wehrmachtführungsstab (WFST) folgte kurz darauf mit ähnlichem Inhalt, aber mit einem Hinweis auf den fortzusetzenden Kampf mit der Sowjetunion.

„... 2. Der Kampf gegen die Sowjets ist jedoch mit allen Mitteln fortzusetzen ..."[134]

Noch vor Eintritt dieser Teil-Waffenruhe versenkten sich die U-Boote in der Geltinger Bucht in den Morgenstunden des 5. Mai selbst.[135] Daraufhin wurde Petersen zu Dönitz befohlen und auf die gegenüber Montgomery bestehenden Verpflichtungen hingewiesen, Disziplin zu wahren und Versenkungen zu verhindern. Die Einsatzbereitschaft der Flotteneinheiten sei sicherzustellen, da die Engländer die Rettung von Teilen der deutschen Bevölkerung zugelassen hätten. Dönitz sprach auch von der Gefahr von Repressalien bei Nichteinhaltung dieser Bedingungen und von seinen Absichten und Hoffnungen, durch Bereithalten der noch vorhandenen Waffen und Schiffe die Lage Deutschlands etwas verbessern zu können. „Halten Sie Ihre Leute zusammen und sorgen Sie für strikte Disziplin. Eine Versenkung der Schiffe wird ungeheure politische Folgen und Repressalien gegen das deutsche Volk nach sich ziehen."[136]

Die Aufrechterhaltung der Disziplin war offenkundig eine der größten Sorgen von Dönitz, denn es zeigten sich bereits Auflösungserscheinungen.

So hatte auf dem Minensuchboot M 612 am 5. Mai ein Teil der Besatzung die Offiziere eingesperrt, um gegen deren Willen statt nach

---

[133] Funkspruch OKW/WFST vom 04.05.1945, in: KTB Skl (A), Bd. 68 S. 429-A.
[134] Funkspruch OKW/WFST vom 04.05.1945, in: KTB Skl (A), Bd. 68 S. 429-A.
[135] Vgl. hierzu Werner Rahn: Die deutsche Seekriegführung 1943 bis 1945, in: Das Deutsche Reich und der Zweite Weltkrieg, Bd. 10/1, München 2008, S. 167.
[136] Kieler Nachrichten v. 25.06.1949, Die Ereignisse in der Geltinger Bucht.

Kurland nach Kiel zu fahren. Sie hatten am 4. Mai über Funk von der bevorstehenden Teilkapitulation erfahren. Schnellboote hatten das ohne Offizier auf der Brücke fahrende Minensuchboot nach Sonderburg gebracht. Elf Soldaten wurden daraufhin vom Kriegsgericht zum Tode verurteilt und noch in der gleichen Nacht erschossen.[137] Bereits einen Tag vorher waren in Norwegen drei Mannschaftsdienstgrade von dem Minensuchboot M 253 wegen fortgesetzter Zersetzung der Wehrkraft und Kriegsverrat zum Tode verurteilt und erschossen worden.[138] In dem Schnellbootsverband selbst waren eine ganze Reihe von Verstößen gegen Befehle und Disziplin aufgetreten, wie Desertierung eines Oberbootsmannsmaates, Flucht eines Obergefreiten und zwei weiterer Soldaten, Versenkung von Booten vor Svendborg,[139] Überbordwerfen von Waffen, Munition und Funkgeräten in der Geltinger Bucht und Einbruch betrunkener Unteroffiziere in eine Kantine.

Fahnenflucht

Jetzt kam noch Fahnenflucht von Soldaten des neu zusammengestellten Bataillons der Schnellbootslehrdivision in Svendborg hinzu. Dort hatte sich folgendes ereignet:[140]

Führer des Bataillons war seit dem 2. Mai 1945 Kapitänleutnant Sander, ein Ingenieuroffizier, der noch nie vorher eine Stellung als Disziplinarvorgesetzter innegehabt hatte und der sich schwer tat, diesen zusammengewürfelten Haufen unter Kontrolle zu halten. Neben einer Reihe von Unbotmäßigkeiten kam es am 4. Mai bei der Einkleidung in Grauzeug zu schweren Unruhen, die nur mühselig unter Kontrolle gebracht werden konnten. Am Abend des 4. Mai gab es

---

[137] Vgl. Günter Gribbohm: 5. Mai 1945 – Meuterei auf M 612, in: Militärgeschichtliche Mittteilungen – Zeitschrift für historische Bildung, herausgegeben vom Militärgeschichtlichen Forschungsamt, Heft 1/2000, S. 9 ff.
[138] KTB Skl. (A), Bd. 68, S. 443-A.
[139] In der Nacht 6./7. Mai 1945 hatten sich dt. Schnellboote in der Lunkebucht südlich Svendborg versenkt. Vier dieser Wracks wurden bei Tauchgängen 2010 entdeckt. Eine Zuordnung zu bestimmten Boote ist bislang nicht möglich gewesen. Vgl. dänische Zeitung „Sydfyns Social-Demokrat", Svendborg, vom 8.5.1945.
[140] Zusammengestellt nach Akten des Landgerichts/Schwurgericht Hamburg: Staatsarchiv Hamburg: Archivbestand 213-11, Signatur 7566/55, Band 1–10.

einen Kameradschaftsabend für die Hälfte des Bataillons, um sich auf den Abtransport vorzubereiten. Die zweite Hälfte des Bataillons feierte am 5. Mai ihren Kameradschaftsabend. Doch inzwischen hatte sich die Lage verändert. Denn um 8.00 Uhr am 5. Mai war die Teilkapitulation mit Montgomery in Kraft getreten, die auch für Dänemark galt und damit das Ende des Krieges signalisierte.

In seiner Ansprache an das Bataillon bei dem zweiten Kameradschaftsabend ging Sander auf diese Teilkapitulation ein und stellte fest, dass damit auch der beabsichtigte Einsatz um Berlin hinfällig sei. Schon in den Tagen vorher hatten sich einige Soldaten dahingehend geäußert, dass sie, da der Krieg offensichtlich seinem Ende zuging, nun am liebsten abhauen würden, denn der Kampf mache doch keinen Sinn mehr. Nach der Ansprache Sanders meinten drei von ihnen, Fritz Wehrmann, Martin Schilling und Alfred Gail, nun wäre es an der Zeit, nach Hause zu gehen und sich um ihre Familien zu kümmern, was in der Gefangenschaft, in die sie nun wohl gehen müssten, nicht möglich sei. Mehrere Kameraden, die sie ansprachen, rieten ab, es sei dazu noch zu früh und verweigerten das Mitgehen. Nur ein jüngerer Soldat, Kurt Schwalenberg, war bereit, sich diesen dreien anzuschließen.

Während der Kameradschaftsabend noch lief, machten sich die vier Soldaten unter Mitnahme ihrer Waffen und notwendiger Verpflegung auf den Weg in die Heimat. Ihr Fehlen wurde zwar am nächsten Morgen bemerkt, doch der Unteroffizier vom Dienst unterließ eine Meldung darüber. Aber die vier waren nicht weit gekommen, sondern wurden von Angehörigen der dänischen Widerstandsbewegung oder von der dänischen Polizei gestellt und auf der Ortskommandantur Svendborg abgeliefert. Am Sonntag, dem 6. Mai 1945, mittags gegen 13 Uhr, ließ das Bataillon sie mit einem Lkw von dort abholen und brachte sie auf dem Begleitschiff BUEA in Gewahrsam.

Sander war sich im Unklaren, war es unerlaubte Abwesenheit von der Truppe oder war es Fahnenflucht? Also meldete er es dem Chef der Schnellbootslehrdivision, Korvettenkapitän Klaus Feldt. Auch dieser war sich nicht schlüssig, galt die deutsche Militärgerichtsbarkeit nach der Teilkapitulation überhaupt noch, wie wurde in diesen Zeiten vielfacher Auflösung in anderen Fällen gehandelt, und fragte beim Kommando der Schnellboote nach. Dort geriet er an den Chef des

Stabes, Fregattenkapitän Herbert-Max Schulz, bekannt als engagierter Nationalsozialist und Verfechter uneingeschränkt harter Disziplin. Dieser befahl Feldt, das Einreichen eines Tatberichtes zu veranlassen, damit war die Einberufung eines Kriegsgerichtes fast unausweichlich.[141]

Bild 42 – Boote der Schnellbootslehrdivision 1945, im Hintergrund das Begleitschiff BUEA

Am darauf folgenden Tag, dem 7. Mai, wurde das Bataillon auf dem Begleitschiff BUEA eingeschifft. Dieses verlegte noch in der gleichen Nacht zusammen mit der 3. SSchulFltl. in die Geltinger Bucht, wo sich die noch im Ostseeraum befindlichen Schnellboote und ihre Begleitschiffe versammelten. Kurz nach dem Ankern in der Geltinger Bucht, am Vormittag des 8. Mai, fuhr Sander zur Meldung zum Führerschiff HERMANN VON WISSMANN, suchte zunächst den für den Verband zuständigen Stabsrichter Holzwig auf und übergab ihm den Tatbericht. Danach meldete er sich bei Kommodore Petersen und berichtete über die Lage in seinem Bataillon, insbesondere über die vorgekommenen Missstände und die Flucht der vier Soldaten. Nach darauf folgender Besprechung mit Holzwig entschied

---

[141] Vgl. Bernd Rebensburg: Erinnerungen, a.a.O., S. 45.

106

Petersen als Gerichtsherr, dass der Fall vor einem Kriegsgericht verhandelt werden müsse.

Am gleichen Tag, dem 8. Mai 1945, trat um 23.01. Uhr MEZ die Gesamtkapitulation deutscher Truppen in Kraft. Auf den bereits hier versammelten Schnellbooten und Begleitschiffen traten die Besatzungen zu einer letzten Musterung an, und Petersen erinnerte in einer kurzen Rede an die langen Kriegsjahre mit Erfolgen und bitteren Verlusten, gedachte der Gefallenen auf allen Kriegsschauplätzen und mahnte die Überlebenden, in dieser dunklen Stunde des Vaterlandes den Blick nach vorne zu richten und Ordnung und Disziplin weiter aufrechtzuerhalten.[142] Dann wurden in einer feierlichen Zeremonie die Flaggen eingeholt.[143]

Am nächsten Morgen sammelte Dönitz um 10.00 Uhr noch einmal alle militärischen Führer und betonte erneut die Notwendigkeit voller Einsatzbereitschaft von Fahrzeugen und Einheiten sowie der Aufrechterhaltung der Disziplin.[144]

---

[142] Gespräch KKpt. a.D. Klaus Feldt mit Hans Frank am 24.08.2005 in Wiesbaden.

[143] Eine weitere Flaggenparade fand am 11.05.1945 für die Kurlandboote und TSINGTAU statt, die erst in der Nacht 9./10.05.1945 zurückgekehrt waren. Vgl. „Befehl für die letzte feierliche Flaggenparade der Kurlandflottillen" v. 10.05.1945, abgedruckt in: Bernhard Asmussen: Untergang in der Geltinger Bucht, Chronik des Kirchspiels Steinberg, Sonderband 16, Breklum 2015, S. 63. Das Foto der ersten und der Befehl für die zweite Flaggenparade werden in der Literatur oft als Einheit gesehen. Das Foto zeigt jedoch eindeutig S 305 (G am Bug) von der 10. SFltl., die nicht zu den Kurlandflottillen gehörte – Mitteilung OltzS Gunnar Kelm, (Kdt. S 305) an Hans Frank im Oktober 2015.

[144] Vgl. Friedrich Kemnade: Abschrift von Tagebuchnotizen aus den letzten Kriegstagen, o.O. o.D., Nachlass Kemnade, a.a.O., S. 4 f.

Bild 43 – Flaggenparade am 8. Mai 1945

Kriegsgericht

Am gleichen Morgen trat das Kriegsgericht unter Stabsrichter Holzwig auf dem Begleitschiff BUEA zusammen. Zum Beisitzer hatte Petersen Dr. Busch bestimmt, der damals Verbandsarzt beim FdS war. Diesen wählte er, weil er ihn als Menschen, der sich immer sehr für seine Leute einsetzte, und als Arzt und Soldat besonders schätzte. Den zweiten Beisitzer und den Anklagevertreter zu bestimmen, überließ Petersen dem Stabsrichter Holzwig. Über die Bestellung eines Verteidigers wurde nicht gesprochen. Von Holzwig nach einem Mannschaftsbeisitzer und Anklagevertreter befragt, schlug Sander den Hauptgefreiten Faustmann vor, der ihm bekannt war, und als Anklagevertreter den Kapitänleutnant v. Dresky, der den Sachverhalt bereits kannte und derjenige Kompaniechef war, der am längsten beim Bataillon Sander war.

Nach mehrstündiger Sitzung verurteilte das Kriegsgericht drei Soldaten, Wehrmann, Schilling und Gail, zum Tode und den vierten, Schwalenberg, als Mitläufer zu einer mehrjährigen Zuchthausstrafe. Die Todesstrafe wurde damit begründet, dass ein besonders schwerer Fall vorgelegen habe, weil die Tat im Ausland und von mehreren ge-

108

meinschaftlich begangen und der Plan zur Flucht nicht erst auf dem Kameradschaftsabend, sondern schon vorher gefasst worden sei. Am Abend des gleichen Tages, also dem 9. Mai, wurde Petersen das schriftliche Urteil durch den Stabsrichter Holzwig vorgelegt und um Bestätigung des Urteils gebeten.

Petersen fragte dabei, ob die Durchführung der Vollstreckung gegen alle erforderlich sei oder ob es nicht genüge, das Urteil nur gegen einen (Wehrmann) zu vollstrecken. Holzwig erklärte, dass er – unter Berücksichtigung der disziplinaren Lage und in Anbetracht dessen, was Petersen selbst von Dönitz mitgebracht hatte über die Notwendigkeit, die Disziplin aufrechtzuerhalten – die Vollstreckung für erforderlich halte. Die Vollstreckung müsse gegen alle erfolgen. Es sei ungerecht, nur gegen einen zu vollstrecken, denn die Kriegsgerichtsverhandlung habe eine gleich große Schuld bei den zum Tode Verurteilten ergeben. Am gleichen Abend fand dann eine eingehende Beratung bei Petersen über die Frage der Bestätigung und Vollstreckung des Urteils statt. An dieser Besprechung nahmen außer Petersen noch Holzwig, Dr. Busch, Schultz (Kompaniechef unter Sander) und Sander sowie der dienstälteste Seeoffizier des Verbandes, Korvettenkapitän Feldt teil. Petersen stellte erneut die Frage zur Diskussion, ob eine Bestätigung des Urteils noch angebracht sei und ob es nicht genüge, das Urteil lediglich bei dem bereits vorbestraften Wehrmann vollstrecken zu lassen. Lediglich Feldt sprach sich gegen die Bestätigung der Todesurteile aus. Er meinte, der Krieg sei vorbei, man solle doch keine großen Geschichten mehr machen. Dr. Busch wies auf das jugendliche Alter Gails hin und gab seinen Zweifeln an der Berechtigung des Todesurteils in diesem Falle Ausdruck, während er die Urteile gegen Wehrmann und Schilling ausdrücklich billigte. Sonst äußerte keiner der anwesenden Offiziere Bedenken. Die Beratung dauerte mehrere Stunden. Es wurde lange das Für und Wider einer Vollstreckung erörtert. Schließlich setzte sich die Auffassung durch, dass die Vollstreckung des Urteils zur Aufrechterhaltung der Disziplin erforderlich wäre, wenn die Urteile überhaupt noch eine abschreckende Wirkung haben sollten. Nach Schluss der Besprechung entschied sich Petersen noch nicht, sondern entließ die versammelten Offiziere mit dem Bemerken, er werde sich die Entscheidung noch selbst überlegen.

Auch am nächsten Morgen, dem 10. Mai und zweitem Tag nach der Gesamtkapitilation, beriet Petersen sich mit weiteren Angehörigen seines Stabes, die aber offensichtlich die Meinung vertraten, die Urteile müssten aus Gründen der Disziplin vollstreckt werden. Danach unterschrieb Petersen das Urteil des Kriegsgerichtes. Das Bataillon Sander wurde um 16.00 Uhr des gleichen Tages auf das Achterdeck der BUEA befohlen, wo Kapitänleutnant Sander in einer längeren Ansprache den Verlauf der Tat und die Begründung für das Urteil darlegte. Anschließend wurden die drei Soldaten erschossen und ihre Leichname der See übergeben.[145]

Bild 44 – Gedenkstein in Norgaardholz

---

[145] Das Schicksal von Wehrmann und seinen Kameraden schildert romanhaft Jochen Missfeldt: Steilküste, Reinbek 2005. Ebenso wird dies gezeigt in dem 5teiligen DDR-Film „Rottenknechte", der erstmals 1971 im Deutschen Fernsehfunk (DFF) ausgestrahlt wurde.

Die Gerichtsverhandlungen

Die Familie des erschossenen Fritz Wehrmann erhielt erst 1946 seinen Abschiedsbrief und erfuhr danach durch den früheren Kameraden Theodor Meier Einzelheiten zum Kriegsgericht und den verantwortlichen Personen. Die Mutter, Anna Wehrmann, erhob danach Anklage gegen Petersen und die Angehörigen des damaligen Kriegsgerichts beim Landgericht Hamburg. Daraufhin ermittelte die Staatsanwaltschaft und nahm Petersen am 11. Dezember 1946 in Untersuchungshaft. Sie dauerte bis zum 6. März 1947. Eine weitere vom 17. März 1947 bis 30. August 1947 schloss sich an, eine dritte folgte vom 18. September 1947 bis 24. Dezember 1947. Danach begann dann aber der Prozess vor dem Schwurgericht des Landgerichts Hamburg gegen Petersen wegen Verbrechen gegen die Menschlichkeit. Mitangeklagt waren die Mitglieder des damaligen Kriegsgerichts, Stabsrichter Holzwig, Oberstabsarzt Dr. Busch, Hauptgefreiter Faustmann, Kapitänleutnant v. Dresky und Kapitänleutnant Sander sowie der damalige Chef des Stabes, Fregattenkapitän Schultz.

Nach umfangreicher Ermittlung des Tatherganges wurde die Rolle des Kriegsgerichtes untersucht und – da dessen Akten verschollen waren – versucht, den Ablauf der Verhandlung zu rekonstruieren. Dabei wurde die Zuständigkeit des Kriegsgerichtes nicht bestritten, da die deutsche Militärgerichtsbarkeit auf alliierten Befehl bestehen geblieben war und erst am 22. Juni 1945 beendet wurde. Allerdings waren Todesurteile gem. alliiertem Militärgesetz Nr. 153 vom 4. März 1945 vor der Vollstreckung alliierten Instanzen zur Prüfung vorzulegen. Diese Weisung war jedoch nach Aussage eines Rechtssachverständigen aus dem früheren Oberkommando der Marine aufgrund der vielfachen Fernmeldeprobleme kaum bekannt, sodass anzunehmen war, dass auch Petersen davon keine Kenntnis hatte.[146]

Die Darstellungen von Holzwig, Dr. Busch und Faustmann bei der Hauptverhandlung im Juni/August 1949 über den Hergang der Beratung des Kriegsgerichts am 9. Mai 1945 waren jedoch lückenhaft und widersprachen sich auch teilweise. Das Schwurgericht hat aber

---

[146] In Norwegen wurde diese Weisung erst am 26. Mai 1945 bekannt. Vgl. Manfred Messerschmidt: Die Wehrmachtjustiz 1933–1945, Paderborn 2005, S. 434 f.

den nachstehenden Sachverhalt als erwiesen bzw. als nicht zweifelsfrei widerlegt angesehen:

Die Führung der Beratung lag bei Holzwig. Ausgangspunkt für die Beurteilung des Verhaltens der vier Soldaten waren die §§ 69 und 70 Militärstrafgesetzbuch (MStGB)[147], wobei Faustmann zu Beginn der Beratung fragte, ob die noch anwendbar seien, was Holzwig bejahte. Der Tatbestand der Fahnenflucht des § 69 MStGB wurde vom Kriegsgericht ohne Weiteres bejaht. Die Teilkapitulation, die bei der Flucht der damaligen Angeklagten bereits in Kraft war, sah das Kriegsgericht als eine Waffenruhe an, als ein „Gewehr bei Fuß stehen", welches den Krieg, das Dienstverhältnis in der Wehrmacht und die Dienstpflicht in keiner Weise berührt habe. Holzwig sagte dazu, dass für ihn dabei die Schilderung der disziplinaren Lage maßgebend gewesen sei, die Petersen nach seiner Rückkehr aus Flensburg bei einer Stabsbesprechung gegeben hätte.

Die noch vor der Kriegsgerichtsverhandlung eingetretene und den Angeklagten bekannte Gesamtkapitulation hat außer der von Faustmann aufgeworfenen Frage, ob die Gesetze noch gelten, bei den Mitgliedern des Kriegsgerichts keine besonderen Überlegungen ausgelöst.

Bei der Beratung über das Strafmaß waren die „Richtlinien des Führers und obersten Befehlshabers der Wehrmacht für die Strafzumessung bei Fahnenflucht" vom 14. April 1940 der Ausgangspunkt für das Kriegsgericht. Dort hieß es: „Die Todesstrafe ist geboten, wenn der Täter aus Furcht vor persönlicher Gefahr gehandelt hat oder wenn sie nach der besonderen Lage des Einzelfalles unerlässlich ist, um die Manneszucht aufrechtzuerhalten."[148]

Gerade dies erschien dem Kriegsgericht aber zwingend, zum einen habe dem Bataillon Sander zu der Zeit, als die vier Angeklagten fortgelaufen seien, noch ein Einsatz bevorgestanden. Zum anderen habe die Strafe auch eine abschreckende Wirkung erzielen sollen, da die Aufrechterhaltung der Disziplin gerade damals besonders notwendig gewesen sei, Auflösungserscheinungen hätten nicht hingenommen werden können.

---

[147] Militärstrafgesetzbuch vom 10. Oktober 1940, RGBl. I, S. 1.347.
[148] Manfred Messerschmidt, in: Deserteure der Wehrmacht (Hrsg. W. Wette), Essen 1995, S. 61.

Schwalenberg wurde darum milder bestraft, weil er annähernd die Wahrheit gesagt hatte, vor allem aber, weil sich herausgestellt hatte, dass er von den anderen nur mitgenommen worden war und man ihn als Verführten nicht ebenso bestrafen wollte wie die anderen Angeklagten.

Einen Verteidiger hatte man den vier Angeklagten nicht gestellt, obwohl die Kriegsstrafverfahrensordnung (KSTVG) – allerdings nach Art. 1 KSTVO nicht absolut zwingendes Recht – ausdrücklich bestimmte, dass der Gerichtsherr bei strafbaren Handlungen, die mit dem Tode bedroht waren, stets, in anderen Fällen, wenn er es für sachdienlich hielt, dem Angeklagten einen Verteidiger zu bestellen hatte.

Petersen hat während der Ermittlungen zur 1. Hauptverhandlung ausgesagt, dass die angeklagten Marinesoldaten einen Verteidiger gehabt hätten. Es sei in den Kriegsgerichtsverhandlungen jeweils ein geeigneter Offizier zum Verteidiger bestellt worden, der persönlich die Angeklagten gekannt habe. Dass in der Kriegsgerichtsverhandlung tatsächlich kein Verteidiger vorhanden war, hat Petersen zu seiner Überraschung erst während dieser Ermittlungen erfahren.

Danach konzentrierte sich die Verhandlung auf Petersen als Gerichtsherrn, was dieser nicht nur akzeptierte, sondern sich auch zu der ungeteilten Verantwortung bekannte und die Rolle seiner ehemals Untergebenen in ihrer Bedeutung für das Geschehen herunterspielte. Er versuchte dabei deutlich zu machen, wie sehr er sich nach den Unterredungen mit v. Friedeburg, vor allem aber mit Dönitz, gezwungen sah, in Anbetracht der Gesamtlage hart und schnell durchzugreifen, um größeren Schaden abzuwenden. Eine Einschätzung, die vom ehemaligen Flottenrichter Kranzbühler bestätigt wurde.[149]

In seiner Stellung als Führer der Schnellboote war Petersen seit dem Jahre 1942 Gerichtsherr erster Instanz für die gesamte Schnellbootwaffe. Bis Ende 1944 hatte er Urteile seines Kriegsgerichts, soweit sie eine bestimmte Höchststrafe nicht überstiegen, zu bestätigen und ihre Vollstreckung anzuordnen. Erst danach wurden die Befug-

---

[149] Stellungnahme Otto Kranzbühler im Schreiben vom 28. März 1947 an den Untersuchungsrichter beim Landgericht Hamburg; in: Staatsarchiv Hamburg, a.a.O., Bd. 3, Blatt. 426 ff., Kopie im Anhang.

nisse der höheren Gerichtsherren hinsichtlich der Bestätigung, Anordnung der Vollstreckung und der Ausübung des Gnadenrechts sämtlich auf den Gerichtsherrn der ersten Instanz übertragen. Petersen war somit befugt, auch über die Bestätigung und die Vollstreckung von Todesurteilen zu entscheiden. Wie das Gericht feststellte, nahm Petersen sein Amt als Gerichtsherr immer sehr ernst und zeigte starkes Interesse an allen Kriegsgerichtsvorgängen. Auch bei der Bestätigung von Urteilen war er sehr genau. Jede Akte musste ihm mit einer vollständigen Urteilsausfertigung vorgelegt werden, er stellte darüber hinaus noch Fragen an seine Richter und entschied sich meist erst nach eingehender längerer Überlegung. Von ihm, der ja nicht Mitglied der NSDAP oder einer ihrer Organisationen gewesen und der kritisch gegen die Ideen und Ziele des Nationalsozialismus eingestellt war, war seine menschliche Einstellung in Strafsachen, abgesehen von Eigentumsdelikten, bekannt. Er versuchte, möglichst viele Strafsachen schon auf disziplinarem Wege zu erledigen. Um sich über den Gang des Verfahrens zu unterrichten und ein Urteil über seinen Kriegsrichter Holzwig zu gewinnen, nahm Petersen gelegentlich an den von ihm geleiteten Verhandlungen teil. In den sachlichen Entscheidungen lag Holzwig mit Petersen meistens auf einer Linie. Gelegentlich milderte Petersen Holzwigs Urteile, insbesondere wandelte er bei den häufigen Verurteilungen wegen geringfügiger Wachvergehen, Beleidigung von Vorgesetzten und anderen ähnlichen Delikten mit Hinweis auf die Persönlichkeit der Verurteilten und die besonderen Umstände des Falles wie Leichtsinn und Geringfügigkeit harte Urteile z.B. von Gefängnis in Arrest um oder bestätigte diese Urteile überhaupt nicht.

Dass er in der Geltinger Bucht eine andere Entscheidung fällte, führte das Gericht auf folgende Umstände zurück:

Petersen sah eine eindeutige Fahnenflucht und hielt die Vollstreckung für zwingend, um die bereits stark gefährdete Disziplin aufrechtzuerhalten.

Er befürchtete schwere Folgen bei weiteren Auflösungserscheinungen aufgrund der ihm von Dönitz mitgeteilten Anordnung Montgomerys. Er sah unter diesen Umständen die drei zu erschießenden Soldaten als Opfer an, die im Gesamtinteresse zur Vermeidung größerer Gefahren und Schäden gebracht werden mussten und hielt die

Aufrechterhaltung der Disziplin für eine Aufgabe von außenpolitischer Bedeutung, gleichrangig einem Kampfauftrag.

Das Schwurgericht kam dann zu folgendem Schluss:

„Wesentlich für die Beurteilung des vorliegenden Falles ist, dass der Angeklagte Petersen die menschliche Seite seiner Entscheidung verkannt hat. Er durfte nicht zur Aufrechterhaltung der Disziplin den Tod von drei Soldaten anordnen, die den Tod nicht verdient hatten. Es ist zwar richtig, ... dass die Soldaten durch die Entfernung von der Truppe den Tatbestand der Fahnenflucht verwirklicht hatten. Ihre Tat rechtfertigte aber unter den damaligen Umständen nicht mehr die härteste Sühne, die das Gesetz vorsah, nämlich den Tod. Denn es handelte sich ja nicht mehr darum, dass die Soldaten im Angesicht des Feindes die Waffen fortgeworfen hatten, sondern sie sahen, dass der Krieg verloren war und sie wollten lediglich der Gefangenschaft entgehen und nach Hause zu ihren Angehörigen gehen, um diesen im Lebenskampf zu helfen. Selbst wenn das Kriegsgericht geglaubt hatte, als abschreckendes Beispiel auf die Todesstrafe erkennen zu müssen, so hätte der Angeklagte Petersen den Schritt, die Soldaten nun auch wirklich erschießen zu lassen, nicht gehen dürfen. Die Strafe, die die Soldaten für ihr Vergehen getroffen hat, war unmenschlich hart.

Ein Verbrechen gegen die Menschlichkeit liegt aber nicht schon dann vor, wenn ein unmenschlicher Erfolg durch eine Tat herbeigeführt wird. Die Tat muss sich vielmehr auch nach der Persönlichkeit des Täters und den Motiven, die ihn geleitet haben, als unmenschliche Handlung darstellen. Dem Täter muss auch eine vorwerfbare Schuld zugerechnet werden können. ... Das Gericht (hat) die Überzeugung gewonnen, dass der Angeklagte nicht aus einer vorwerfbaren Schuld falsch gehandelt hat, sondern dass ihn das Schicksal vor eine Aufgabe gestellt hatte, der er, jedenfalls im damaligen Augenblick, menschlich nicht gewachsen war. ... Wenn der Angeklagte dann bei der Entscheidung über die Vollstreckung dieses Todesurteils versagte, weil sie über seine Kräfte ging, so hat er sich zwar über das Sittengesetz geirrt. Aber nicht jeder Irrtum über das Sittengesetz begründet eine strafrechtliche Schuld. Der Irrtum muss vorwerfbar sein, d.h. zumindest auf Leichtfertigkeit beruhen, um eine strafrechtliche Verantwortung des Handelnden zu begründen. In dieser Richtung hat das Gericht aber keine Feststellungen treffen können. Der Angeklagte hat lediglich aus menschlicher Unzulänglichkeit gefehlt, nicht aber ein Verbrechen gegen die Menschlichkeit begangen. Er war daher mangels Tatverdacht freizusprechen."[150]

Revision

Dagegen erhob die Staatsanwaltschaft Einspruch. Im Revisionsverfahren beim Strafsenat des Obersten Gerichtshofs für die Britische Zone in Köln wurde das Urteil aufgehoben und die Sache zurückverwiesen an das Landgericht Hamburg. Der Senat begründete seine Entscheidung wie folgt: „Das Schwurgericht hat die Schuld Petersens hauptsächlich deswegen verneint, weil er der Aufgabe wegen fehlender menschlicher Reife und Weisheit nicht gewachsen gewesen sei und so in nicht leichtfertiger Weise aus menschlicher Unzulänglichkeit über das geirrt habe, was das Sittengesetz bei der gegebenen Sachlage gebot. Hierbei wird verkannt: ... dass das Strafgesetz in der Regel nur Handlungen erfasst, die sich schon nach dem Sittengesetz verbieten und dass es jedem zuzumuten ist, sein Verhalten hiernach einzurichten. Die Gebote des Sittengesetzes müssen jedem geläufig sein. Wer dessen Grenzen irrtümlich überschreitet, ist vor dem Strafgesetz nicht entschuldigt.

Nicht wegen der fahrlässig falschen Rechtsanwendung sollen die Richter bestraft werden – dagegen würden in der Tat die vom Schwurgericht erhobenen Bedenken bestehen –, sondern wegen ihrer vorsätzlichen Unmenschlichkeitstat unter vorwerfbarer Rechtsverkennung."[151]

Zweiter Prozess und erneute Revision

Die 2. Hauptverhandlung vor dem Schwurgericht des Landgerichts Hamburg fand im Juni / August 1949 statt. Das Gericht kam dabei zu dem Schluss, dass vor Ausschöpfung anderer Mittel die Verhängung von Todesurteilen als Abschreckungsstrafe nicht zu rechtfertigen gewesen sei. „Die irreparable Todesstrafe stand in einem unerträgli-

---

[150] Urteil vom 4. Juni 1948, in: Staatsarchiv Hamburg, a.a.O., Bd. 3, Blatt 450 ff.
[151] Urteil vom 7. Dezember 1948, in: Entscheidungen des Obersten Gerichtshofes für die Britische Zone, Hrsg. Mitglieder des Gerichtshofes und der Staatsanwaltschaft beim Obersten Gerichtshof, Hamburg 1949, S. 226 f.

chen Missverhältnis zu den Taten. ... Bei dem Ableiten der Todesstrafe ... haben die Angeklagten außer acht gelassen, dass der Nazistaat zusammengebrochen, die tatsächliche Grundlage für eine weitere Kriegführung entfallen und die politische Situation eine grundlegend andere war. Die Angeklagten haben nicht berücksichtigt, dass den veränderten Verhältnissen eine neue Wertordnung und neue Maßstabe angemessen waren. Den Untergang der alten Werte haben sie nicht zum Gegenstand der Beratung gemacht."[152] Das Urteil: Zwei Jahre Gefängnis für Petersen, fünf für Holzwig, je zwei für Sander und Faustmann sowie ein Jahr für Dr. Busch. Der Anklagevertreter v. Dresky und der Chef des Stabes Schultz wurden freigesprochen.

Dagegen wurde sowohl von der Staatsanwaltschaft wie von den Angeklagten Einspruch eingelegt. Die Revisionsverhandlung vor dem Bundesgerichtshof in Karlsruhe fand jedoch erst drei Jahre später statt. Am 29. Mai 1952 erfolgte dann die Aufhebung des Urteils und erneute Rückverweisung an das Landgericht Hamburg, weil deutsche Gerichte über Verbrechen gegen die Menschlichkeit nicht nach dem alliierten Kontrollgesetz Nr. 1, sondern nur nach deutschem Recht urteilen dürften.

Was die Dauer des Verfahrens betrifft, lässt sich nicht leugnen, dass die Justiz ihrer Aufgabe nicht gerecht geworden ist. Nahezu drei Jahre hat Petersen auf die Entscheidung über die Revision warten müssen. Ein Angeklagter, dessen Existenz wie bei ihm von dem Ausgang des Verfahrens abhängt, hat in einem Rechtsstaat einen Anspruch darauf, dass das Verfahren innerhalb angemessener Fristen durchgeführt wird.

Dritter Prozess

In der 3. Hauptverhandlung, die am 6. Februar 1953 begann, wurden kurz der Sachverhalt und die bereits bekannten Aussagen und Erklärungen erörtert, wobei Petersen sich in seinem Schlusswort noch einmal zu seiner unteilbaren Verantwortung wie zu der Schuld bekannte, die er auf sich geladen habe.

---

[152] Urteil vom 4. August 1949, in: Staatsarchiv Hamburg, a.a.O., Bd. 4, Blatt 792 ff.

Bild 45 – Hamburger Abendblatt vom 07.02.1953:
„Ich trage die Verantwortung."

Das Gericht sprach dann ihn und die übrigen Angeklagten frei. In der ausführlichen Begründung (siehe Anlage) wurden noch einmal alle Argumente dargelegt und gewichtet und vor allem Petersens Gründe, aber auch seine Persönlichkeit, ausführlich gewürdigt.

Zum Schluss stellte das Gericht fest: „Dafür, dass Petersen bei seiner Entscheidung im Dienste der nationalsozialistischen Gewaltherrschaft hat handeln und etwa die drei Soldaten nur, weil sie durch ihre Tat der herrschenden Staatsgewalt entgegengehandelt hätten, hätte zu Tode bringen wollen, liegen keinerlei Anhaltspunkte vor. Eine solche Absicht widerspricht der ganzen Persönlichkeit Petersens, der die Fehler des nationalsozialistischen Systems weitgehend erkannt und öffentlich bekannt hat, völlig. Auch bei der Auswahl des Beisitzers Dr. Busch hat er nicht auf dessen Staatsgesinnung, sondern ausschließlich auf seine menschlichen Fähigkeiten gesehen.

Fragt man bei Petersen alles in allem genommen nach dem Grunde für seine Fehlentscheidung, so liegt er in seiner einseitig soldatisch ausgerichteten Einstellung, Pflichterfüllung übermäßig hoch zu werten und darin, dass er die Bedeutung der Kapitulation nicht richtig erkannte. Dies bedeutet aber nicht eine grundsätzlich rechtsfeindliche Einstellung, sondern liegt an menschlicher Unvollkommenheit, der Petersen, wie alle Menschen, unterworfen ist. Von seinem subjektiven Standpunkt aus hat Petersen die Bestätigung der drei Todesurteile für rechtlich geboten und notwendig gehalten. Er hat eine falsche Entscheidung getroffen, Rechtsbeugung und Totschlag hat er nicht begangen."[153]

Damit war Petersen nach über sechsjähriger Prozessdauer mit Untersuchungshaft und Gefängnis endlich ein freier Mann. Vor allem war er erleichtert, dass auch die mitangeklagten früheren Untergebenen jetzt freigesprochen wurden. „Langsam beginnt die Last, die mir durch die ungerechtfertigte Mitanklage meiner Kameraden aufgebürdet worden war, von mir zu fallen."[154]

Die Mutter von Fritz Wehrmann verkraftete den Tod ihres Sohnes sowie dessen 1945 gefallenem Bruder nicht und starb nach 20-jährigem Aufenthalt in einem Pflegeheim 1983 in geistiger Umnachtung. Die Mutter des ebenfalls erschossenen Alfred Gail, die in den Prozessen auch als Nebenklägerin aufgetreten war, nahm sich ein Jahr nach dem letzten Prozess das Leben.[155]

Alle drei Prozesse wurden sowohl von der regionalen wie überregionalen Presse in der ganzen Bundesrepublik verfolgt, auch Rundfunk und Fernsehen berichteten ausführlich. Die Berichterstattung war in der Regel objektiv und sachlich, teilweise war auch Unverständnis sowohl über die Handlung selbst wie über die Urteile zu lesen. Doch es gab auch nachdenkliche Kommentare wie im Flensburger Tageblatt vom 6. August 1949: „... Was diesen Prozess so diffizil und bedeutungsvoll macht, ist der Umstand, dass die Tatbestände sich nicht loslösen lassen von dem düsteren Panorama dieser Tage, in denen der Krieg selbst starb, als die Schwelle zum Frieden überschritten werden musste ... Das relativ niedrige Strafmaß ... lässt vermuten, dass auch das Gericht sich der tatsächlichen Unzulänglichkeit menschlicher Einsichten bewusst war, unter deren Unstern alle damals standen, und dass der Hauptschuldige jene finstere Macht war, der jedes andere Volk unter gleichen Voraussetzungen (auch) erlegen wäre." [156]

---

[153] Urteil vom 27. Februar 1953, in: Staatsarchiv Hamburg, a.a.O., Bd. 6, Blatt 1.157 ff.

[154] Brief Petersens an verschiedene Freunde vom 06.03.1953, in: Nachlass Kemnade, a.a.O.

[155] Vgl. Jochen Missfeldt: Steilküste, a.a.O. S. 276 und 282 f.

[156] Bernhard Asmussen: Untergang in der Geltinger Buch, a.a.O. S. 70.

In der Nachkriegsliteratur wurden das Urteil des Kriegsgerichts und die Prozesse mehrfach aufgegriffen. Manfred Messerschmidt erwähnt in „Die Wehrmachtsjustiz" die Erschießung der drei jungen Soldaten im Zusammenhang mit dem Urteil und der Vollstreckung gegen die Meuterer von dem Minensuchboot M 612. „Zwar hatte die Kapitulation den Kriegszustand nicht beendet, aber es handelte sich erkennbar um das Ende der NS-Herrschaft. Daher hätte es nahegelegen, von der … Todesstrafe gegen die jungen Soldaten abzusehen … Die Richter standen wohl noch unter dem Eindruck des Erlasses von Dönitz vom 11. April 1945, mit dem er Kommandanten und Kommandeure aufgefordert hatte, ‚daß sie rücksichtslos alle Anzeichen und Ansätze austreten, die in der Truppe die Durchführung des von ihm geforderten Kampfes bis zum äußersten gefährden'. Die Handhabe dazu hätten sie aufgrund des Führerbefehls vom 23. September 1944."[157]

In dem Sammelband von Joachim Perels und Wolfram Wette „Mit reinem Gewissen" werden die Petersen-Prozesse zwar erwähnt, aber nur im Zusammenhang mit der Beurteilung der ehemaligen Wehrmachtsrichter Erich Schwinge und Alexander Kraell und ohne Bewertung.[158]

Jörg Friedrich schildert in „Freispruch für die Nazi-Justiz" sowohl den Tathergang wie auch das Kriegsgericht und die folgenden Prozesse. Die Unterschiede zwischen Schilderung, Kommentar und Zitat erschließen sich allerdings nur durch die unterschiedlichen Schriftformen, sind nur summarisch aufgeführt.[159]

Douglas C. Pfeifer erwähnt in „Drei Deutsche Marinen" die Petersen Prozesse zusammen mit dem Fall Kusch und der Hinrichtung

---

[157] Manfred Messerschmidt: Die Wehrmachtjustiz 1933–1945, Paderborn 2005, S. 439.

[158] Joachim Perels und Wolfgang Wette (Hrsg.): Mit reinem Gewissen – Wehrmachtsrichter in der Bundesrepublik und ihre Opfer, Berlin 2011, S. 144, 210 und 419.

[159] Jörg Friedrich: Freispruch für die Nazi-Justiz – Die Urteile gegen NS-Richter seit 1948 – Eine Dokumentation, Berlin 1998, S. 186–220.

von vier Mannschaftsdienstgraden in Norwegen am 4. Mai 1945, ohne diese allerdings zu werten.[160]

Bild 46 – Petersen nach dem Freispruch, links
Admiral a.D. Gottfried Hansen, Vorsitzender des
Verbandes Deutscher Soldaten, in der Mitte Dr. Gillner

---

[160] Douglas C. Pfeifer: Drei Deutsche Marinen. Auflösung, Übergänge und Neuanfänge, Bochum 2007, S. 101 f.

Petersens Leben nach dem Krieg

Bei Kriegsende 1945 war die Situation für die meisten, die den Krieg überlebt hatten, im Vergleich zur Lage 1918 fundamental anders. Wie es Hans-Erich Volkmann 1999 in einem Essay zum Ausdruck gebracht hat: „Neben existenziellen Bedrohungen für große Teile der Bevölkerung musste vor allem die hohe Zahl engagierter Anhänger und Funktionsträger der NSDAP und ihrer Organisationen, für die zudem die Welt ihrer politischen – oft auch wissenschaftlichen – Überzeugung und ihrer beruflichen Erfüllung eingestürzt war, erwarten, von den Siegermächten für ihr Tun und Lassen während des ‚Dritten Reiches' zur Rechenschaft gezogen zu werden. In ähnlicher Lage befanden sich viele ehemalige Soldaten, insbesondere die (höheren) Offiziere. Durch die bedingungslose Kapitulation und den bislang einmaligen Vorgang der Internierung einer Millionen zählenden Massenarmee, nach ihrem Empfinden gedemütigt und durch die vollständige Auflösung der Streitkräfte und des Staates – ein weiteres Unikum in der modernen europäischen Geschichte – um den vermeintlich verdienten Lohn des Vaterlandes für den Einsatz von Leib und Leben gebracht, bedeutete für sie der 8. Mai 1945 schlichtweg die persönliche und berufliche Katastrophe."[161]

Für Petersen kamen zu dieser Situation noch die persönlichen Folgen der Ereignisse in der Geltinger Bucht hinzu, die sein ganzes weiteres Leben geprägt haben.

Nach der Kapitulation und der Entlassung aus der Kriegsgefangenschaft bekam Petersen eine Stellung in dem von der Royal Navy eingerichteten hydrographischen Institut als Chef der nautischen Sektion, da er bereits früher in der deutschen Marine im hydrographischen Dienst Verwendung gefunden hatte.[162] In dieser Zeit entstand auch unter Mitwirkung ehemaliger Angehöriger seines Kommandos[163] der „Erfahrungsbericht über die Bewährung des Schnellbootstyps

---

[161] Hans-Erich Volkmann: Zur Verantwortlichkeit der Wehrmacht, in: Militärgeschichtliches Forschungsamt, Militärgeschichte, Heft 2, 1999, S. 24.

[162] Als Wachoffizier auf dem Vermessungsschiff METEOR und Kommandant vom „Peilboot V".

[163] u.a. Flottilleningenieur Gördes, KKpt. Erdmann, Kptlt. Zymalkowski und Kptlt. Rebensburg.

S 38 in technischer und seemännisch-taktischer Hinsicht". Ein Bericht, der in der gleichen klaren Sprache abgefasst ist, die schon die zahlreichen Denkschriften und Stellungnahmen Petersens aus den Kriegsjahren auszeichnete und die deutlich die Vor- und Nachteile des Bootes aufzeigte. Die vielen Hinweise und Anregungen, vom Bootskörper über die Bewaffnung, die Ausrüstung und die Maschinenanlage bis hin zur Brand- und Leckabwehr lieferten letztlich die „Blaupause" für das erste Nachkriegsboot der Bundesmarine, den JAGUAR, der dann mit insgesamt 40 Booten das Rückgrat der neuen Schnellbootswaffe bilden sollte.

Bild 47 – JAGUAR-Schnellboot: Mit 4 Torpedorohren, 2x4-cm-Kanonen, 36 kn Dauerhöchstgeschwindigkeit und Minenlegefähigkeit entsprach es genau Petersens Vorstellungen.

Aus der Stellung beim hydrographischen Dienst wurde er dann aber aufgrund des ersten Verfahrens vor dem Landgericht Hamburg am 31. Dezember 1946 entlassen.

Vor dem ersten Prozess befand Petersen sich dreimal in Untersuchungshaft und vor dem zweiten Prozess noch einmal vom 6. Januar bis 3. März 1949. Der langjährige Arzt im Verband der Schnellboote,

Dr. Gillner, konnte ihn in dieser Zeit einmal besuchen. „Es war ein erschütterndes Wiedersehen; Petersen berichtete von der schikanösen Behandlung durch die Kalfaktoren, so bekam er bei der Austeilung der Suppe immer eine Kelle von oben, also fast Wasser, während die kümmerlichen Kartoffel- oder Nährmittelstückchen ja unten lagen und für bevorzugte Häftlinge reserviert blieben; er zeigte mir Rücken und Gesäß – zerfressen von eiternden Furunkeln, er konnte weder sitzen noch liegen –, die Aufseher meinten höhnisch – als Soldat habe er ja gelernt, im Stehen zu schlafen! Aber ich konnte ihm von den Eltern und von den Kameraden Grüße bringen."[164]

Zwischen den Prozessen war Petersen als Hilfsarbeiter tätig, u.a. als Vertreter für Schmieröle und im Autoreifenhandel sowie als Pförtner bei den Walter-Werken in Kiel. Einer seiner früheren Kommandanten berichtet darüber: „Im Mai 1948 erlebte ich bei meiner Heimkehr aus der Kriegsgefangenschaft in Kiel, wo ich mich bei Zymalkowski zurückmelden wollte, einen erschütternd veränderten Kommodore. Im Blaumann, als Arbeiter bei den Walter-Werken, lud er mich in seine Pförtner-Klause zu Abendbrot und Nachtlager ein. Nur kurz ließ er sich von meiner letzten Schnellboot-Nacht und von den dreieinhalb Jahren in England berichten. Dann gerieten zwei Christenmenschen in ein zwar nüchternes, gar nicht emotionales, aber doch tief gehendes Gespräch über Glaubensinhalte – bis tief in die Nacht. Der Ansatzpunkt war, bei aller Unterschiedlichkeit des Erlebten, der uns beide beschwerende Pflichten-Konflikt und die Gewissensnot. Durch Befehle, die wir glaubten geben zu müssen, waren junge Menschenleben, die uns anvertraut waren, zu Tode gekommen. Uns trennte nicht mehr der Altersabstand von 15 Jahren, nicht der ehemalige Dienstgrad. ... Damit begann eine fast brüderliche Verbundenheit bis zu Petersens Tod ..."[165] Ein anderer ehemaliger Kommandant und zuletzt Stv. Chef der 2. SSchulFltl., Heinz-Friedrich Nitsche, berichtet von einem Besuch Petersens bei ihm in Quern bei Flensburg, wo Nitsche zu dieser Zeit Lehrer war, während Petersen Vertreter für Schmieröle gewesen sein soll. Petersen habe damals den Ein-

---

[164] Dr. med. Heinz Gillner, in: Bernd Rebensburg: Erinnerungen, a.a.O., S. 59 f.
[165] Brief Achim Quistorp, seinerzeit Kdt. in der 8. SFltl. (Chef: Zymalkowski) und späterer Pfarrer, an Hans Frank vom 17.01.2011.

124

druck eines gebrochenen Mannes und „kaputten" Menschen gemacht, der an seiner Fehlentscheidung zerbrochen sei.[166]

Am 10. Mai 1949 erlitt er dann einen Betriebsunfall und war danach arbeitslos. Ernährt hat ihn während dieser Zeit seine langjährige Verlobte, die in einem Zeitschriftenverlag in Kiel als Angestellte Arbeit gefunden hatte. Er hatte sie 1934 nicht heiraten dürfen, weil sie von seinen Vorgesetzten als nicht standesgemäß eingeschätzt wurde, denn sie hatte aushilfsweise in einem Kieler Ausflugslokal gearbeitet. Als er während des Krieges dann wohl doch hätte heiraten können, tat er es nicht, weil ihm die Kriegszeiten zu unsicher für eine Familiengründung waren, aber auch, weil er es seinen Eltern, die gegen die Heirat waren, versprochen hatte.

Die finanzielle Lage war also sehr beengt. So konnte Petersen an einer Besprechung mit seinen Anwälten in Düsseldorf nicht teilnehmen, da kein Geld für die Reise vorhanden war. Die von der Marine-Offizier-Hilfe (MOH) angebotene Unterstützung mochte Petersen wohl aus Bescheidenheit nicht annehmen. Auch als in den MOH-Nachrichten ein Spendenaufruf u.a. zugunsten Petersens veröffentlicht werden sollte, um einen Wahlverteidiger bestellen zu können, versagte Petersen die Zustimmung zur Nennung seines Namens. In diesen Zeiten der finanziellen Enge ließen ihn seine Kameraden aber nicht im Stich, sondern organisierten sogenannte „Verbandspäckchen" mit Naturalien und Geld.[167]

1954, nach dem Freispruch und dem Tod seiner Eltern, heiratete er dann. Gewohnt hat die Familie in einer kleinen Wohnung im ehemaligen Walter-Werk in Kiel.

Vom Juli 1953 bis April 1957 war Petersen Leiter der Hanseatischen Yachtschule in Glücksburg, eine Tätigkeit, in der noch einmal seine menschlichen wie fachlichen Qualitäten zum Vorschein kamen. „Viele der damaligen Yachtschüler und alle anderen DHH (Deutscher Hochseesportverband HANSA) Mitglieder, die Kommodore Petersen näher gekannt haben, werden sich bei der Nachricht vom Tode dieses

---

[166] Heinz-Friedrich Nitsche im Gespräch mit Norbert Rath im Herbst 1999.
[167] Vgl. Rundbrief an ehemalige Schnellbootsfahrer vom 24.11.1952, unterzeichnet von Gillner und Rebensburg, Nachlass Kemnade, a.a.O.

hervorragenden und immer aufrechten Mannes in großer Dankbarkeit erinnern."[168]

Bild 48 – Petersen als Leiter der Yachtschule

Nach dieser Zeit war er bis zu seiner Pensionierung Handelsvertreter für die Reifenfirma Holert und danach Angestellter beim Militärischen Abschirmdienst (MAD) zur Bearbeitung von Sicherheitsüberprüfungen.

Finanziell besser ging es der Familie, als Petersen eine Pension als Fregattenkapitän bezog und von einem Crewkameraden eine Wohnung in Flensburg-Mürwik erbte. Dorthin zog er dann auch mit seiner Frau.

---

[168] Der Blaue Peter, Zeitschrift des Deutschen Hochseesportverbandes HANSA, Ausgabe 2/83.

Bild 49 – Petersen mit seiner Frau Anne Marie um 1970

Von hier aus hat er seine Heimat Nordschleswig oft besucht und mit den Dänen – zu denen er lange Zeit ein gespaltenes Verhältnis hatte – in den ehemals deutschen Pastoraten und auf den großen Höfen sehr freundschaftliche Gespräche über seine Familiengeschichte geführt.

1969/70 machte Petersen noch vor seinem 65. Geburtstag eine schwere Krankheit durch, die einen mehrmonatigen Krankenhausaufenthalt mit operativen Eingriffen erforderte. Ein anschließender Erholungsurlaub wurde ihm zum Geburtstag aus alter Verbundenheit von seinen Schnellbootsfahrern geschenkt.

Zu den neuen deutschen Streitkräften und insbesondere zur Bundesmarine hielt Petersen Distanz. „Ich habe mit meinem Onkel über die tragischen Ereignisse in der Geltinger Bucht leider nie gesprochen, weil ich von meinem Vater wusste, dass er darüber nicht gerne reden wollte. Mein Eindruck war, dass er nach den Jahren des Krieges, der Untersuchungshaft und der Prozesse zumindest nach außen hin einen Schlussstrich unter diese unglücklich verlaufene Lebensphase machen wollte. Einer beruflichen Zukunft bei der Bundesmarine ging er aus dem Wege und allen, die ihn zu diesem Schritt bewegen wollten, beschied er, dass er sich vor dem Personalgutachterausschuss nicht mehr verantworten wolle und er sich dort auch keine Chancen ausrechnen könne.

Soweit ich das über meinen Vater verfolgen konnte, hat er auch offizielle Einladungen der Marine nie angenommen. Er wollte die wieder in die Bundeswehr eingetretenen Kameraden und den Neuaufbau der Streitkräfte nicht mit dem Makel der von ihm zu verantwortenden Todesurteile belasten. Er wusste, wie angreifbar er war, nicht zuletzt durch Briefe, die er vom Staatssicherheitsdienst der DDR in den fünfziger und sechziger Jahren erhalten hatte und mit denen unter Hinweis auf die Vorgänge in der Geltinger Bucht versucht worden war, ihn zur Zusammenarbeit mit der Stasi zu bewegen."[169]

---

[169] Peter Petersen, Neffe von Rudolf Petersen, im Schreiben an Norbert Rath vom 28.11.1999. Diese Briefe der Stasi sind nicht mehr auffindbar, auch Rückfragen bei der „Behörde des Bundesbeauftragten für die Stasi-Unterlagen" ergaben kein Ergebnis.

Er hat auch später Einladungen ehemaliger Schnellbootsfahrer, die inzwischen hohe Dienstposten bekleideten und die ihm die neue Marine und insbesondere die neue Schnellbootswaffe zeigen wollten, nie angenommen. „Er hat ohne Ausnahme allen abgelehnt, was meist nicht verstanden, zum Teil sogar verübelt wurde. Aber ihm lag daran, die Kameraden und die junge Bundesmarine nicht mit dem Ruf zu belasten, einen „Kriegsverbrecher" als Gast eingeladen zu haben."[170]

Warum er trotz dieser Distanz einen Sachbearbeiter-Posten bei dem MAD annahm war nicht zu klären. Es könnte sein, dass er zu den seinerzeit gezahlten Übergangsgebührnissen noch hinzuverdienen musste, vielleicht auch, weil ihn der MAD gegenüber den Stasi-Anbahnungen schützen wollte.[171]

Bild 50 – Petersen mit alten Freunden, von links Wuppermann, Christiansen, Rebensburg, Petersen, Klug, unbekannt

---

[170] Dr. med. Heinz Gillner, in: Bernd Rebensburg: Erinnerungen, a.a.O., S. 61.
[171] Auch sein Neffe, Peter Petersen, hält beides für möglich, ohne selbst aber genaue Kenntnis zu haben. Mitteilung Peter Petersen an Hans Frank vom 13.02.2016.

Zurückhaltung übte Petersen auch schon früh gegenüber öffentlichen Auftritten. So schrieb er bereits nach dem letzten Prozess, als ein großes Schnellbootsfahrertreffen angeregt wurde, an seine Vertrauten: „Was mich selbst betrifft, so halte ich es für unklug und dem Ganzen nur schädlich, wenn meine Person dabei in irgendeiner Weise herausgestellt würde. Selbstverständlich würde ich mit großer Freude an einem solchen Treffen teilnehmen, aber nur als einer unter Vielen, und zwar ohne dass mein Name irgendwo und irgendwie in der Öffentlichkeit oder auch nur im Kameradenkreis genannt wird. ... Selbstverständlich würde ich auch auf dem Treffen selber keine Ansprache halten ... auch wenn ich in dieser Haltung von manchen nicht ganz verstanden werde. Es darf dieses Treffen nicht durch meinen Namen belastet werden."[172]

„Petersens 75. Geburtstag (15. Juni 1980) war von seinen Freunden gründlich vorbereitet worden. Christiansen, zu dieser Zeit Kommodore des Flensburger Yachtclubs, hatte den Festtag im schönen Clubhaus ausgerichtet. Die Zahl der Anmeldungen war überwältigend, besonders auch, was nicht geplant war, die von Angehörigen gefallener S-Bootsoffiziere, die diesen Mann kennenlernen und ihm die Hand drücken wollten. Auch Dönitz war eingeladen, nicht als einstiger Oberbefehlshaber der Marine und Nachfolger Hitlers, sondern als Vater, dessen jüngerer Sohn Klaus in der 5. Schnellbootsflottille gefallen war.

Dönitz hatte bewegt und erfreut zugesagt, verspätete sich dann aber, sodass sein Eintreffen besonders auffallend war. Petersen erstarrte förmlich, denn das Verhältnis dieser beiden Männer war nie besonders gut gewesen. „In sehr kurzer Ansprache bezeichnete Dönitz Petersen als ‚untadeligen Soldaten', was Petersen sichtlich guttat. Aber das änderte nichts mehr an den sachlichen Differenzen von 1944/45 und an der Bewertung der Persönlichkeit Dönitz' und dessen militärisch und politisch bedingtem Tun und Lassen."[173]

Zwei Jahre später endete sein Leben auf tragische Weise. „Am 31. Dezember 1982 konnte man überall den gleichen Ärger erleben – schon vom frühen Morgen an krachten Kinder und Jugendliche mit

---

172 Schreiben vom 18.08.1954, Nachlass Kemnade, a.a.O.
173 Bernd Rebensburg: Erinnerungen, a.a.O., S. 52.

Silvester-Feuerwerkskörpern herum; kriminell wurde es erst, als eine Gruppe Jugendlicher in Flensburg-Mürwik vor dem Marrensberg 29 stehen blieb und mit Raketen in Fenster und Balkone zu schießen begann. Während die überwiegend älteren Bewohner sich ängstlich hinter den Gardinen drückten, zeigte Petersen Zivilcourage, ging hinunter und sprach vernünftig und sachlich mit der Gruppe und bat sie, an anderer Stelle ihre Knallkörper abzufeuern.

Diese wohl nicht erwartete ruhige und keineswegs oberlehrerhafte Art schien zu beeindrucken, die Burschen wollten eben davon trotten, als einer von ihnen den anderen zurief: ‚Ach, das ist doch das Schwein, das uns neulich bei den Bullen verpfiffen hat!‘ Ganz eindeutig eine Verwechslung, aber mit schlimmen Folgen, denn ein weiterer rief: ‚Na, dann wollen wir es dem mal zeigen!‘ Sie umringten ihn, bastelten aus mehreren Feuerwerkskörpern eine geballte Ladung, hielten ihm diese vor, zündeten und rannten im Hochgehen davon. Petersen konnte sich noch in den Hausflur schleppen, brach dort zusammen, wurde tief bewusstlos ins Diakonissenhaus transportiert und starb dort in den Morgenstunden des 2. Januar 1983, ohne das Bewusstsein wiedererlangt zu haben, an massiver Hirnblutung.“[174]

Petersen hatte übrigens die Absicht gehabt, seine Auszeichnungen nicht in der Familie zu vererben, sondern sie den Männern zu widmen, die unter seinem Kommando im englischen Kanal gefallen waren. Er wollte seine Orden dort als Ausdruck seiner Verbundenheit mit seinen toten Kameraden dem Meer übergeben. Dieses Ansinnen konnte ihm aber ausgeredet werden, sodass sich seine Auszeichnungen weiter im Familienbesitz befinden. In seinem Nachlass verfügte Petersen, dass er im Falle seines Todes eine schlichte kirchliche Trauerfeier ohne Öffentlichkeit nur im Kreise der engsten Familienangehörigen wünsche und dass sein Grabstein nur mit seinem Namen und den Lebensdaten versehen werden solle.[175]

„So war es auch fast folgerichtig, dass die Beerdigung rasch und ohne die Trauerfeier, die er verdient und die wir gewünscht hätten, stattfand. Enttäuschung und Empörung der alten Schnellbootfahrer waren entsprechend groß! Aber es wurde dann zur guten Sitte, dass

---

[174] Dr. med. Heinz Gillner, in: Bernd Rebensburg: Erinnerungen, a.a.O., S. 62.
[175] Vgl. Schreiben Peter Petersen an Norbert Rath vom 28.11.1999.

bei Besatzungstreffen stets ein Blumengruß am Grab niedergelegt wurde."[176]

Petersens Grab ist auf dem Adelbyer Friedhof zu finden, begraben sind dort auch seine 1997 gestorbene Frau sowie sein Bruder Karl-Otto mit Ehefrau. Nicht weit davon entfernt sind die Gräber von Generaladmiral v. Friedeburg, dem letzten Oberbefehlshaber der Kriegsmarine, der kurz nach der Kapitulation Selbstmord beging, und KzS Lüth, der als Kommandeur der Marineschule Mürwik versehentlich vom eigenen Posten erschossen wurde.

---

[176] Dr. med. Heinz Gillner, in: Bernd Rebensburg: Erinnerungen, a.a.O., S. 62 f.

Die Persönlichkeit

Aus Petersens Zeit in der Kriegsmarine gibt es die umfangreichen dienstlichen Unterlagen wie Kriegstagebücher, Lagebeurteilungen, Denkschriften und Stellungnahmen, ergänzt durch Aussagen von Zeitzeugen, von denen besonders die Erinnerungen seines langjährigen Weggefährten, Bernd Rebensburg[177], hervorzuheben sind. Es fehlen, von ganz wenigen Ausnahmen abgesehen, Briefe und Unterlagen aus dem persönlichen Umfeld. Petersen war offenbar, seiner nordischen Art entsprechend, ein besonders zurückhaltender und gerade über seinen privaten Bereich nicht auskunftsbereiter Mensch, der auch kaum Briefe oder sonstige persönlichen Unterlagen hinterlassen hat. Auch die Personalunterlagen sind nicht mehr aufzufinden. Obwohl bei den Gerichtsverhandlungen aus ihnen zitiert wurde, sind sie in den Prozessakten nicht vorhanden, es fehlt auch jeder Hinweis auf eine mögliche Abgabe an andere Archive. Über Petersens Leben nach dem Krieg gibt es noch weniger Quellen, kaum Briefe, Aufzeichnungen oder Fotoalben – auch die befragten Zeitzeugen, die ihn vor allem aus der Kriegszeit kannten, konnten nur begrenzt Angaben über diese spätere Zeit machen. Einige Hinweise kamen von seinem inzwischen verstorbenen Vetter, Hans-Reinhard Hauschildt, und seinem Neffen, Peter Petersen, weitere Familienmitglieder konnten nicht ausfindig gemacht werden.

Aus den Gesprächen mit den Zeitzeugen[178] ergibt sich das Bild eines Marineoffiziers mit großem Interesse an historischen Zusammenhängen und eingehender Beschäftigung mit der Geschichte. Seine Äußerung bei Beginn des Zweiten Weltkriegs, dass dies ein Seekrieg sei und Deutschland ihn verlieren würde,[179] ist sicherlich auf dieses geschichtliche Interesse, wie auch auf seine Fähigkeit in großen Zu-

---

[177] Bernd Rebensburg, Crew 35, war bei Kriegsbeginn Kommandant in der 2. SFltl. und von 1940 bis 1945 Operationsoffizier im Stab des Führers der Torpedoboote und dann in dem des Führers der Schnellboote. Auch nach dem Krieg blieb er Petersen eng verbunden.

[178] Gespräche Hans Frank mit den ehemaligen Flottillenchefs Christiansen, Feldt, Fimmen, Holzapfel, Kemnade, Wuppermann und Zymalkowski, den Kommandanten Quistorp und Töniges sowie Rebensburg.

[179] Vgl. Kapitel „Einsätze als Flottillenchef".

sammenhängen zu denken, zurückzuführen. Daraus resultierte auch seine Auffassung, dass der Seekrieg gegen England ein Abnutzungskrieg sei, in dem es nicht auf spektakuläre Erfolge ankomme, sondern darauf, mit den zur Verfügung stehenden Kräften den britischen Nachschub, wo und wann immer möglich, zu schädigen – also einen langen Atem zu haben. Vor diesem Hintergrund wird auch verständlich, warum Petersen alles daransetzte, seine Boote und später die Flottillen schonend einzusetzen, denn nur mit möglichst vielen und einsatzfähigen Einheiten war er in der Lage, permanenten Druck auf die Gegenseite auszuüben. Neben diesem kühlen Rational des militärischen Führers stand das auf seiner christlichen Einstellung und tief empfundenen Fürsorge beruhende Verantwortungsgefühl gegenüber den ihm unterstellten Besatzungen. Er hat sich deshalb auch nie die in den letzten Kriegsjahren vermehrt genutzte Forderung nach „rücksichtslosem Einsatz" zu eigen gemacht.[180] Zwar forderte er von seinen Flottillen vollen Einsatz, aber das Risiko musste beherrschbar bleiben, Kamikazeeinsätze waren seine Sache nicht. Weder in seinen Reden noch Fernschreiben finden sich Aufrufe zum „Kampf bis zur letzten Granate" oder „Es lebe der Führer", wie sie andere Seebefehlshaber gebrauchten.[181]

Unter seiner Führung entwickelte sich die Schnellbootswaffe zu einem wirksamen, zum Ende des Krieges einzigen Offensivmittel im Kanal und in der Nordsee. Er nutzte dabei die Möglichkeiten des modernen Seekrieges, wie die Funkaufklärung, verbesserte Boote und Waffen und kämpfte – vergeblich –, um die Ortungsüberlegenheit des Gegners zu brechen. Im ständigen Ringen mit der laufend stärker werdenden alliierten Abwehr führte er abwechslungsreich und passte die taktischen Einsatzgrundsätze und Verfahren der veränderten Lage wie der geänderten Technik an. So flexibel er bei den Einsätzen agierte, so kompromisslos zeigte er sich gegenüber Anfeindungen „seines" Verbandes und der Forderung nach rücksichtslosem Einsatz. Der indi-

---

[180] Diese Formulierung geht offensichtlich auf Hitler zurück, der am 06.11.1942 an die S-Boote und U-Boote im Mittelmeer funken ließ: „Von Vernichtung englischen Verbandes abhängt Existenz Afrika-Armee. Erwarte rücksichtslosen, sieghaften Einsatz. Der Führer." KTB Skl. (A), Bd. 39/I, S. 119.
[181] Zu den Zitaten vgl. KTB Skl. (A), Bd. 21 vom 27.05.1941, S. 408 (Lütjens) und KTB Skl. (A), Bd. 52 vom 26.12.1943, S. 447 (Bey).

rekt ausgesprochene Vorwurf der Feigheit, wenn er nicht so handelte, wie die Führung es von ihm erwartete, traf ihn innerlich – sein Führungsverständnis und sein Verhalten änderte er aber nicht. So war er sicherlich kein bequemer Untergebener, vor allem auch, weil ihm jegliches Karrieredenken fremd war. Beförderungen und Auszeichnungen freuten ihn, aber sie bestimmten nicht die Richtlinien seines Handelns. Die mehrfachen Auseinandersetzungen mit vorgesetzten Dienststellen bestand er emotionslos mit sachlich überzeugenden Argumenten, denen sich diese in der Regel auch nicht verschließen konnten.

Er stieg oft auf den Booten ein. Nicht um zu führen, dazu waren die Gegebenheiten auf den kleinen Schnellbootsbrücken nicht ausreichend, sondern um sich persönlich einen Eindruck von den Bedingungen zu verschaffen, denen die Männer ausgesetzt waren, und um zu zeigen, dass er sich dem gleichen Risiko aussetzte. Selten griff er dabei in die Verbandsführung ein, so im September 1942, als es auf dem Rückweg zu einem Gefecht mit englischen Motor-Gun-Boats (MGBs) kam. Dabei blieb ein britisches Boot bewegungslos liegen, drei weitere MGBs versuchten, die Mannschaft des Havaristen abzubergen. Die deutschen Schnellboote warteten auf den Befehl anzugreifen. Doch der Befehl kam nicht. Erst nach erfolgter Rettungsaktion ließ Petersen die MGBs jagen und das verlassene englische Boot einschleppen. Der damalige OltzS Nitsche, der dies als Kommandant miterlebte: „So war er eben, das war seine Einstellung als Soldat und Seemann“.[182] Bei aller Unbarmherzigkeit der Einsätze ein ritterlich zu nennendes Verhalten. Welch ein Gegensatz war dies zu Dönitz, der im gleichen Monat seinen U-Booten befohlen hatte: „Rettung widerspricht den primitivsten Forderungen nach Vernichtung feindlicher Schiffe und Besatzungen.“[183]

Petersen war kein Mann einsamer Entschlüsse, sondern ein Offizier, der mit seinem Stab arbeitete und die Fähigkeit besaß, unterschiedliche Kenntnisse und Fähigkeiten abzurufen, zusammenzufügen und zu einem einheitlichen Bild zu formen. Dennoch war er sich

---

[182] Heinz-Friedrich Nitsche, seinerzeit Kdt. in der 6. SFltl., Gespräch mit Norbert Rath im Herbst 1999.
[183] Laconia-Befehl v. 17.09.1942, in: Dieter Hartwig: Großadmiral Karl Dönitz, Paderborn 2010, S. 404 .

stets der unteilbaren Verantwortung als Befehlender bewusst. Er hat auch nie versucht, dies zu umgehen, sondern die verschiedenen Auseinandersetzungen mit vorgesetzten Dienststellen stets auf sich bezogen und Gegenvorstellungen nur mit wenigen Vertrauten in seinem Stabe erarbeitet. Flottillenchefs und Kommandanten haben davon nichts mitbekommen, bei Befragungen nach dem Kriege reagierten viele unwissend, teilweise sogar überrascht und erstaunt.[184]

Petersen hat im Kreise der Vertrauten kein Hehl aus seiner Abneigung gegenüber dem Nationalsozialismus gemacht. Als Sohn eines zeitweilig verhafteten Berliner Bekenntnispfarrers lehnte er die NS-Weltanschauung ab, hinzu kam seine Abneigung gegen Parteigrößen, deren Gehabe und aufwendiger Lebensstil im besetzten Land ihn mit Abneigung erfüllten. Sein damaliger Adjutant, OltzS Causemann, berichtet dazu: „Mit Petersen ergaben sich schnell vertrauliche Gespräche über die innere Einstellung zur NS-Ideologie. Schriften der Bekennenden Kirche und des Kardinals Graf v. Galen konnten wir sehr vertraulich austauschen. Die Gespräche hierüber brachten uns in ein Spannungsfeld zwischen gegebenem Eid zum Staatsführer und unserem Gewissen vor Gott. Die Kraft dieses durchzuhalten gab uns unser Glaube, gepaart mit großem Gottvertrauen. Nach Eintritt der Seemächte England und USA in den Krieg wurde mehrfach ausgesprochen, dass der Krieg nicht zu gewinnen sei. Nicht nur zwischen Chef und Adjutant auch unter sich vertrauenden Kommandanten.“[185]

Kptlt. a.D. Wuppermann hielt dies später in einem Brief so fest: „Bei Petersen sind mir die abendlichen Gespräche – wenn kein Einsatz war – noch allzu gut in Erinnerung: Wir können diesen Krieg nicht gewinnen, diesen Seekrieg gegen die Amerikaner und Engländer; unsere Führung hätte von den Bedingungen eines solchen Krieges keine Ahnung und seine Bemerkungen über Hitler selbst waren vernichtend.“[186]

Dennoch war er kein Mann des Widerstandes. Die Vorstellung, das Staatsoberhaupt in einem blutigen Anschlag zu beseitigen, lag ihm fern. Als Petersen im Juli 1944 auf dem Obersalzberg mit dem Ei-

---

[184] So die Flottillenchefs Feldt, Fimmen und Kemnade in pers. Gesprächen mit Hans Frank.
[185] Schreiben Albert Causemann an Norbert Rath vom 02.04.2000.
[186] Brief Siegfried Wuppermann an Hans Frank vom 06.04.1999.

chenlaub zum Ritterkreuz ausgezeichnet wurde, hatte er sich vorher sorgfältig darauf vorbereitet, was er Hitler an Sorgen und Nöten vortragen wollte. „Als er wiederkam, war er jedoch zutiefst ergriffen von Hitlers Mitgefühl, seinem beeindruckenden Detailwissen über die Mängel unserer Waffen. Wir erlebten mit, wie er sich gegen die dämonische Kraft Hitlers wehrte, und wie lange es dauerte, bis er sich aus diesem Banne gelöst hatte."[187] Dabei konnte er auch nicht verhehlen, welchen persönlichen Eindruck es auf ihn gemacht hatte, als ihm in der Erregung des Gespräches die Mütze von den Knien geglitten war und Hitler aufstand, sie aufhob, sorgsam den Mützendeckel abwischte und sie ihm freundlich zurückgab.[188]

Neben seiner klaren soldatischen Einstellung stand eine tiefe Bindung an den christlichen Glauben. Der spätere Bischof Eduard Lohse führte dazu aus: „Ich erinnere mich an jenen Tag, als wir im Kreis der Kommandantenschüler, die neu zur Schnellbootswaffe kommandiert waren, uns beim Kommodore zu melden und jeder seinen Zivilberuf anzugeben hatte. Als ich die damals seltsam klingende Meldung machte, Student der Theologie, lautete die Antwort: Lassen Sie sich auf keinen Fall von diesem Weg abbringen. Solches Wort der Ermutigung wog damals schwer, es drückte ein eigenes Bekenntnis zu dem aus, was nach tiefster Überzeugung den bleibenden Halt im Leben und im Sterben eines Menschen ausmacht."[189]

Das Spannungsfeld zwischen den notwendigen, Tod und Verderben bringenden wie hinnehmenden Einsatzbefehlen und den christlichen Forderungen nach Nächstenliebe und Erhalt des Lebens wurde nur für die engsten Vertrauten sichtbar. Ganz selten brach dieses Spannungsfeld auf, so Weihnachten 1944 im zerbombten Bunker von Ijmuiden vor dem Rest der 8. Schnellbootsflottille. Der damalige Kommandant und spätere Pfarrer Quistorp schilderte dies so: „Auf der achteren Kanone von S 199 brannte ein Christbaum, die Besatzungen sangen, der Kommandant las einen Segenswunsch aus der

---

[187] Bernd Rebensburg: Erinnerungen, a.a.O., S. 51.

[188] Brief Dr. med. Heinz Gillner an Hans Frank vom 22.09.1998.

[189] Bischof Lohse: Andacht am 15.06.1975 in Glücksburg, Text übergeben von Dr. med. Gillner an Norbert Rath im Herbst 1999. Lohse hatte nach seiner Einfahrzeit als Oberfähnrich z.S. im Dezember 1944 das Schnellboot S 68 in der 3. Schulflottille als Kommandant übernommen und es bis Kriegsende gefahren.

Heimat vor. Plötzlich stand Kommodore Petersen unvermutet vor der Flottille und rief in bei ihm ungewohnt scharfem Ton: ‚Seid ihr wahnsinnig? Christbaum und Kanone? Das Zeichen des Friedens auf dem Werkzeug des Krieges? Das passt doch nicht, dieser Widerspruch ist nicht zum Aushalten.' Und dann fuhr er sehr ruhig, aber bestimmt fort: ‚Nein, das ist nicht zum Aushalten. Das kann nur durchgehalten werden im Zeichen des Kreuzes, im Zeichen der Liebe, die für den Frieden mit Gott gestorben ist. Nur dann gibt's Frieden auf Erden.' Die Besatzung staunte. Sie war angerührt von der Wahrheit. Und dann ging der Kommodore an Bord und fuhr gegen höheren Befehl mit und teilte in dieser Weihnacht unsere Not und Angst und unsere Hoffnung auf Frieden.“[190]

Obwohl die Schnellbootswaffe im Verlauf des Krieges viele Bootsverluste mit Gefallenen und Verwundeten hinnehmen musste, stumpfte Petersen dagegen nicht ab. Personalverluste gingen ihm jedes Mal erneut zu Herzen. Rebensburg beschreibt, wie Petersen im engsten Kreise Mittrauer und persönlichen Schmerz nicht verbergen konnte, wobei man ihm anmerkte, dass er darunter litt, dass überhaupt gestorben wurde. Als die Nachricht eintraf, dass Opdenhoff, den er über viele Jahre gekannt hatte, als Chef der 2. Schnellbootsflottille vor Holland von britischen Flugzeugen tödlich getroffen worden war, verließ er wortlos, mit Tränen in den Augen, das Lagezimmer.[191]

Petersen besaß die große Gabe eines Vorgesetzten, gegenüber seinen Untergebenen nah und gleichzeitig fern zu sein. So sehr er sich persönlich in vielen Gesprächen mit den Sorgen und Nöten seiner Untergebenen beschäftigte, so wenig gab er selbst von sich preis. Weder bei den sogenannten Kameradschaftsabenden, noch bei anderen feierlichen Anlässen gab er sich dem Alkohol hin. „Obwohl er sicherlich gern und öfter und mehr mit und unter seinen Untergebenen gewesen wäre, hielt er Distanz. Das machte ihn einsamer, als ohnehin schon der Altersunterschied und sein norddeutsches Wesen bewirkten.“[192] Hans-Friedrich Nitsche, seinerzeit Kommandant in der 6.

---

[190] Pfarrer Achim Quistorp: Predigt vom Oktober 1982 vor der Vegesacker Gemeinde und Angehörigen der ehemaligen 8. Schnellbootsflottille. Mitteilung Quistorp an Hans Frank im Oktober 1998.
[191] Vgl. Bernd Rebensburg: Erinnerungen, a.a.O., S. 50.
[192] Vgl. Bernd Rebensburg: Erinnerungen, a.a.O., S. 48.

SFltl., begegnete Petersen auf Fahrten mit der Bahn nach Kiel relativ häufig und hat ihn – der eigentlich in der Behandlung persönlicher Dinge immer sehr scheu und zurückhaltend war – hier als sehr kameradschaftlichen Vorgesetzten kennengelernt, der seinen Dienstgrad und seine Dienststellung überhaupt nicht hervorkehrte, sondern sich in sehr persönlichen Gesprächen in unmilitärischer Weise nach den Sorgen und Nöten erkundigte.[193]

Der militärische Führer trifft seine Entscheidungen in der Regel ins Ungewisse hinein. Er kann Rat suchen, aber die letzte Entscheidung fällt unabwendbar auf ihn zurück. Auf ihn, der handeln und verantworten soll. Als Führer der Schnellboote hat Petersen vor einer Operation immer den Rat seines Chefs des Stabes und des Operationsoffiziers gesucht. Im Verlauf des Einsatzes handelte er dann aber selbst rasch und entscheidend. Auch in der Geltinger Bucht suchte er vor der letzten Entscheidung Rat – offensichtlich nicht bei den Richtigen. Der Einzige, der sich gegen die Todesurteile aussprach, KKpt. Klaus Feldt, war noch in hohem Alter bedrückt darüber, nicht energischer und vor allem nicht an das christliche Gebot des Vergebens appellierend, widersprochen zu haben.[194]

Keiner weiß, welche Gedanken Petersen in der Nacht vor der endgültigen Entscheidung bewegt haben. War es sein Eindruck von der Fahrt durch Schleswig-Holstein bei der Rückkehr aus Holland, als er mit ansehen musste, wie Soldaten aller Dienstgrade losgelöst von der Truppe sich herumtrieben und nach Hause strebten?

War es das „Novembertrauma von 1918"? War doch kein Geschichtsbild der 20er-Jahre so populär und hatte eine solche Langzeitwirkung wie die Legende vom Dolchstoß der revoltierenden Matrosen, Soldaten und Arbeiter des Novembers 1918, die angeblich den im Felde unbesiegten deutschen Soldaten in den Rücken gefallen waren. Besonders in der Kriegsmarine saß die Erinnerung an den Matrosen-Aufstand vom November 1918 tief und lastete auf ihrer Führung.

Waren es Dönitz' beschwörende Worte über die katastrophalen Folgen von Aufruhr und Ungehorsam? Oder waren es die Vorstel-

---

[193] Heinz-Friedrich Nitsche im Gespräch mit Norbert Rath im Herbst 1999.
[194] Gespräch KKpt. a.D. Klaus Feldt mit Hans Frank am 24.08.2005 in Wiesbaden.

lungen v. Friedeburgs von einer Fortsetzung des Kampfes gegen die Sowjetunion?

Offensichtlich waren auch nach dem nächtlichen Ringen die Zweifel nicht ausgeräumt und Petersen suchte weiteren Rat. Als aber auch hier nur Härte empfohlen wurde, glaubte er, sofort handeln zu müssen.

Er traf damit eine Entscheidung, die eindeutig im völligen Gegensatz zu seinem bisherigen Lebensweg, zu seiner Haltung und Einstellung stand.

Wenig später zeigte sich, dass all die Argumente, die Petersen auch später als Grundlage seiner damaligen Entscheidung vor Gericht vorbrachte, nicht mehr trugen. Weder gab es eine Meuterei wie 1918, noch weitere Auflösungserscheinungen, noch einen Einsatz gegen die Sowjetunion. Petersen erkannte sehr bald seinen tödlichen Irrtum und bekannte gegenüber seinem wirklichen Vertrauten, Bernd Rebensburg, der allerdings erst nach dem Geschehen in Flensburg eintraf: „Ich habe einen nicht wiedergutzumachenden Fehler gemacht und muss mich vor Gott dafür verantworten."[195]

Die Übernahme der unteilbaren Verantwortung prägte auch Petersens Verhalten während der Gerichtsverhandlungen. Aus seinen Darstellungen und der Art und Weise, Stellung zu nehmen, wurde sein Bestreben deutlich, sich als Verantwortlicher vor seine Leute zu stellen und die Schuld der Mitangeklagten nach Möglichkeit auf sich zu nehmen. Dabei versuchte er zu erklären, wie es zu diesem Urteil kam und warum er es bestätigte, aber auch zu bekennen, dass er gefehlt habe und vielleicht nicht vor den Menschen, aber doch vor seinem obersten Richter schuldig sei. Es war für ihn auch keine Entschuldigung, dass noch weitere Gerichtsherren Todesurteile nach der Kapitulation bestätigt hatten, so der Führer der Minenschiffe und der Befehlshaber des Aufklärungsverbandes Flotte, die allerdings – anders

---

[195] Bernd Rebensburg: Erinnerungen, a.a.O., S. 46. Rebensburg befand sich zum Zeitpunkt der Vollstreckung in Felixstowe (England), wo er mit den Booten S 204 und S 205 eingelaufen war, um Unterlagen über gelegte Minen abzuliefern. Auf alliierte Weisung flog er dann am 11. Mai nach Flensburg, um weitere Minenpläne abzuholen.

als Petersen – strafrechtlich nicht verfolgt wurden.[196] Nein, er blieb bei seiner Verantwortung und seiner von ihm selbst so gesehenen Schuld.

Nicht nur für die Chronisten, sondern auch für viele seiner Weggefährten bleibt der Bruch in dem Bild des Mannes, der über Jahre hinweg seinen Verband klug, umsichtig, verantwortungsbewusst und mit einem besonderen Gefühl für die Sorgen und Nöte der Besatzung und darüber hinaus noch äußerst erfolgreich geführt hat und der, soweit die Gerichtsunterlagen einsehbar waren, bis dahin kein einziges Todesurteil bestätigt hatte. Dennoch, seine Kameraden – das waren die Männer, die in unterschiedlichsten Positionen unter ihm gedient und ihn in dieser Zeit kennen und achten gelernt hatten – standen weiter zu ihm. Bischof Lohse drückte es in einer Predigt 1975 so aus: „Erinnerung hat uns zusammengeführt, Dankbarkeit, Verehrung für unseren Kommodore, der in jenen Jahren äußerster Anspannung und Belastung unsere kleine Schar bis zur letzten Stunde geführt, treu zu ihr gestanden und in vielen Nächten um seine Besatzungen gesorgt und gebangt hat."[197]

Als in der Vorbereitung zu Petersens 70. Geburtstag überlegt wurde, in der Laudatio gewisse Zeiträume auszusparen, womit nur die Ereignisse in der Geltinger Bucht 1945 gemeint sein konnten, wirft die Antwort Rebensburgs dazu ein bezeichnendes Licht auf sein Verhältnis zu Petersen: „Gewisse Ereignisse, Zeiträume aussparen? Warum? Haben nicht gerade die unser Verhältnis zu ihm auf eine Probe gestellt, die weder zur Entfremdung noch zu Minderung von Ansehen und Zuneigung geführt haben?"[198]

In der Zeit als Leiter der Hanseatischen Yachtschule in Glücksburg von 1953 bis 1957 lebten noch einmal seine charakterlichen und fachlichen Fähigkeiten auf. Und wieder einmal wurde seine gleichermaßen zurückhaltende wie fürsorgliche Art deutlich, wie ein Zeitzeuge 1999 berichtet: „Ich kann mich gut erinnern, dass Herr Petersen insbesondere im Dezember, wenn die Schulkasse besonders leer war,

---

[196] KzS Hugo Pahl und VAdm. Bernhard Rogge. Vgl. Dieter Hartwig: Dönitz, a.a.O., S. 150 f.

[197] Bischof Lohse: Andacht am 15.06.1975 in Glücksburg. Vgl. Anmerkung 189.

[198] Schriftwechsel vom Frühjahr 1975, in: Nachlass Rebensburg, in: Archiv Freundeskreis Schnellboote und Korvetten, Warnemünde.

in sein eigenes Portemonnaie gegriffen hat, um den Mitarbeitern ihre Weihnachtsgratifikation bzw. das volle Gehalt auszahlen zu können.“[199] Sein Neffe, Peter Petersen, schreibt über diese Zeit: „Hier herrschte die Strenge und Disziplin einer preußischen Kadettenanstalt, auf der man tunlichst nicht erwähnte, dass man der Neffe des Schulleiters war. Ich kann mich auch nicht erinnern, dass er mit mir einmal im Verlauf des Segelkurses ein persönliches Wort gewechselt hätte. Diese Distanz in seinem Wesen empfand ich damals als sehr hart, sie ging aber offensichtlich auf die Einsamkeit eines Mannes zurück, der seine Verantwortung für seine Schüler/Männer ungleich ernster nahm als viele andere in ähnlichen Führungspositionen. Dazu gehörte eben auch, dass niemand an der Schule auch nur den Anschein einer Bevorzugung spüren durfte.“[200]

Sicherlich wäre Petersen mit seinen Erfahrungen und Kenntnissen und seiner offenkundigen und nachweisbaren Distanz zum nationalsozialistischen System in der neuen Marine willkommen gewesen, so wie auch seine Crew- und Akademiekameraden Gerlach und Freiwald.[201] Doch er war nach den Gerichtsprozessen belastet, öffentlich und vor allem innerlich. Bereits 1951 hatte er dazu an Vertraute geschrieben: „... kann und will ich als Kriegsverbrecher nicht wieder Dienst tun in einer als Grenzschutz oder sonst wie organisierten S-Bootswaffe ...“[202]

Obwohl viele seiner früheren Flottillenchefs die neue Schnellbootswaffe führten[203] und ihn oft einluden, um ihm die neuen Boote zu zeigen und vorzuführen, wie viel von seinen Initiativen – von der Taktik über die Formationen, die Signalgebung und die Geschwindigkeiten bis zur Ausbildung – den Alltag der Schnellbootsflottille prägten, hat er stets abgelehnt mit dem gleichen Argument, dass die junge

---

[199] Schreiben Wilfried Lehmann an Norbert Rath vom 27.08.1999.

[200] Schreiben Peter Petersen an Norbert Rath vom 28.11.1999.

[201] Heinrich Gerlach war von 1963–66 Befehlshaber der Flotte und schied als Vizeadmiral aus, Kurt Freiwald erreichte den Dienstgrad eines Flottillenadmirals.

[202] Schreiben Petersen vom 02.05.1951, in: Archiv Freundeskreis Schnellboote und Korvetten, Warnemünde.

[203] So die ersten Kommandeure der Schnellbootsflottille (KdS): Kemnade (ehemals Chef 3. SFltl.), Birnbacher (ehemals Chef 1. SFltl.), Klug (ehemals Chef 5. SFltl.) und Matzen (ehemals Chef 6. SFltl.).

Bundesmarine nicht mit einem „Kriegsverbrecher" belastet werden sollte.

Als Petersens Leben in der Silvesternacht 1982/83 endete, war es gleichsam das Ende einer Tragödie. Eine Tragödie, die drei jungen Soldaten den Tod brachte und das Leben eines mutigen und aufrechten Mannes zerstörte.

2008 wurde in einem längeren Bericht Petersens Zeit an der Glücksburger Yachtschule gewürdigt, ohne dabei seine Rolle bei Kriegsende auszuklammern. „Er war einer von vielen Männern, die sich zwar nicht mit dem nationalsozialistischen Regime, aber mit ihrem Auftrag als Offizier identifizierten. Diesen Zwiespalt nachzuvollziehen, kann uns heute kaum gelingen."[204]

Vielleicht ist dies aber gerade der Schlüssel zu seinem Leben.

---

[204] Das Blaue Band, 3/2008, S. 17.

Die Entwicklung der Schnellboote

Im Ersten Weltkrieg wurden im Sommer 1916 kleine und schnelle Motorboote benötigt, um die vor Zeebrügge und Ostende ausgelegten britischen Netzsperren zu beseitigen und damit den deutschen U-Booten ein ungehindertes Aus- und Einlaufen zu ermöglichen. Gefordert war eine Mischung aus Booten, die an den Netzen selbst arbeiten konnten sowie von Sicherungsbooten, die die bewachenden Zerstörer und Torpedoboote auf Distanz halten sollten. Für die Sicherungsfahrzeuge war daher eine Torpedobewaffnung notwendig. Ergänzend dazu forderte im Herbst 1916 der Befehlshaber der Ostsee kleine torpedotragende Boote zum Einsatz gegen russische Seestreitkräfte im Gebiet der Baltischen Inseln.

Die ersten sechs Boote wurden 1917 auf den Werften Lürssen, Naglo und Oertz gebaut. Sie verdrängten rund sieben Tonnen, waren ca. 16 m lang und erreichten mit drei Luftschiffmotoren, die noch vom Zeppelinbau übrig waren, eine Geschwindigkeit von rund 30 kn. Sie erhielten die Bezeichnung LM 1 bis LM 6, wobei LM für Luftschiff-Motor stand. Die ersten vier Boote wurden mit einer Netzschere versehen, die beiden letzteren erhielten ein Bugtorpedorohr. Die Boote wurden nach Zulauf in der Motorbootsdivision unter dem Marinekorps Flandern zusammengefasst.[205] Trotz mehrerer Gefechte vor der flandrischen Küste wie später in der Ostsee ist nur ein Erfolg nachweisbar. Am 24.08.1917 wurde der 1.200 BRT große russische Minenleger Penelope vor den baltischen Inseln in der Irben-Straße versenkt.[206]

Vierzehn LM-Boote als Torpedoträger wurden noch 1918 gebaut, weitere in Auftrag gegebene Boote konnten aufgrund des Kriegsendes nicht mehr fertiggestellt werden.[207]

---

[205] Vgl. Paul Köppen: Die Überwasserstreitkräfte und ihre Technik; Reihe: Der Krieg zur See 1914–1918 hrsg. vom Marine-Archiv, Berlin 1930, besonders die Kapitel 15 (S. 186 ff) und Kapitel 17 (S. 201 ff).

[206] Vgl. Harald Fock: Schnellboote, Bd. 1, Von den Anfängen bis zum Ausbruch des 2. Weltkrieges, Herford 1973, S. 60 ff., sowie Rolf Güth: Von Revolution zu Revolution, Herford 1978, S. 162.

[207] Vgl. H. Docter: Die Anfänge des Marine-Schnellbootbaus, in. Wehrtechnische Monatshefte 1963, S. 325 f.

Nach der drastischen Reduzierung der deutschen Flotte mit dem Versailler Vertrag bestand weiterhin Interesse an kleinen, vor allem zum Küstenschutz einsetzbaren Torpedoträgern. Da allerdings Sorge bestand, dass solche Boote auf die gemäß Versailler Vertrag zugestandenen Torpedoträger angerechnet werden würden, begann eine verdeckte Weiterentwicklung. Dazu gründete der KzS Lohmann, Leiter der Seetransportabteilung in der Marineleitung, die TRAYAG (Travemünder Yachthafen AG), den Hochseesportverband HANSA und die Neustädter Slip GmbH sowie die Reederei NAVIS. Aus inoffiziellen Sondermitteln wurden über die NAVIS in oder kurz nach dem Krieg fertiggestellte Boote aufgekauft, um mit ihnen eine systematische Erprobung zu beginnen. Dazu übernahmen jeweils im Herbst ausgebildete Yachtschüler der HANSA die Boote der TRAY-AG und fuhren, teilweise mit Marineeinheiten zusammen, seemännische und taktische Übungen. Die seemännische Schulung erstreckte sich dabei bis auf die Zuteilung einer Art Kommandantenzeugnis.[208] Von 1926 bis 1929 wurden weitere Boote erprobt. Dabei stelle sich der Vorteil des von der Lürssen-Werft gebauten Verdrängungsbootes LÜR im Seeverhalten gegenüber den übrigen Gleitbooten klar heraus.

Daraufhin erhielt die Lürssen-Werft im November 1929 den Auftrag zum Bau des ersten, direkt an die Reichsmarine zu liefernden Bootes. Es wurde am 7. August 1930 unter der Bezeichnung UZ (S) 16[209] in Dienst (i.D.) gestellt, wobei S als neutrale Bezeichnung für schnelle Boote stand. Das Boot selbst wechselte die Bezeichnung Ende März 1931 auf Wachboot W 1 und am 16. März 1932 auf Schnellboot S 1. Damit wurde die bisher als Tarnbezeichnung verwandte Klassifizierung „Schnellboot" offizielle Typbezeichnung in der Deutschen Marine. Das Boot war 26,8 m lang und hatte drei Daimler-Benz-Benzinmotoren zu je 1.100 PS sowie einen Maybach-Marschmotor zu 100 PS. Auch die Folgeboote S 2 – S 5 (i.D. 1932) waren so ausgestattet. Sie konnten mit zwei Torpedorohren ausgerüstet werden, die allerdings nur zu Versuchen an Bord genommen wer-

---

[208] Zu den Lohmann-Aktivitäten vgl. Werner Rahn: Reichsmarine und Landesverteidigung 1919–1928, München 1976, S. 219 ff. Insgesamt erwarben 46 Schüler ein „Befähigungszeugnis für seemännische und technische Bedienung von Motorbooten", ebenda S. 220.
[209] UZ (S) = U-Boot-Zerstörer schnell.

den durften, „… da nicht beabsichtigt ist, die Schnellboote auf die Zahl der uns zugestandenen Torpedoträger anzurechnen"[210].

Mit S 6 (i.D. 1932) wurden dann zum ersten Mal Dieselmotoren genutzt, eine Ausrüstung, die bis Kriegsende und darüber hinaus das Merkmal deutscher Schnellboote bleiben sollte. S 6 bis S 9 erhielten drei Maybach-Motoren mit je 1.320 PS, S 10 – S 13 hingegen Daimler-Benz-Motoren mit je 1.320 PS (MB 502) und S 14 – S 17 wieder Maybach-Motoren. Da die Daimler-Benz-Motoren sich aber als wesentlich weniger störanfällig erwiesen, wurden sie bis zum Kriegsende der Standardmotor der S-Boote. Die Größe der Boote variierte zwischen 32,3 m und 34,6 m, in Abhängigkeit von den eingebauten Motoren. Bei den Folgebooten ab S 18 bis S 25 (i.D. 1938–1939) mit Daimler-Benz-Motoren (MB 501 mit 2.000 PS) betrug sie 34,6 m. Die Geschwindigkeit lag bei 35 bis 37 kn, als Bewaffnung trugen sie zwei Torpedorohre und eine 2-cm-Flugabwehrkanone (Flak). Der Kommandostand befand sich vor dem Steuerhaus.

Ende Dezember 1939 wurden die ersten Boote vom Typ S 30 (S 30 – S 37) in Dienst gestellt und dafür die störanfälligen Maybach-Boote in die Reserve überführt. Ursprünglich waren diese Boote für China im Bau gewesen, wurden dann aber bei Kriegsbeginn beschlagnahmt und für die Kriegsmarine fertiggestellt. Sie hatten fast die gleichen Abmessungen wie die Boote S 10 – S 13 und waren wie diese mit den Dieselmotoren Daimler-Benz MB 502 ausgerüstet. Da diese Firma – als einzige Lieferantin für Schnellbootsmotoren – aufgrund von Schwierigkeiten bei der Kurbelwellenfertigung mit dem Bau der 2.000-PS-Motoren (MB 501) nicht nachkam, wurden auch die Boote S 54 – S 61 wieder vom Typ S 30 gebaut. Dies waren die Boote, die, da sie noch in die Schleusen des Rhein-Rhone-Kanals passten, später in der 3. Schnellbootsflottille (SFltl.) zusammengefasst und ins Mittelmeer überführt wurden.

Im Gegensatz zu den Booten des Typs S 6 / S 18 verfügten sie aber bereits über eine geschlossene Back, in welche die Torpedorohre eingebaut waren, mit einem besseren Seeverhalten. Allerdings befand sich der Kommandostand weiterhin vor dem Brückenhaus.

---

[210] Erlass des Chefs der Marineleitung vom 10.02.1932, abgedruckt bei Harald Fock: Schnellboote, Bd. 1, a.a.O., S. 140.

146

Nach dem Schiffbauplan von 1936 waren insgesamt 44 Schnellboote vorgesehen. Im Z-Plan vom 9. Februar 1939 war die Zahl auf 75 Boote erhöht worden, die 1947 erreicht werden sollte. Als Zwischenziel waren bis Ende 1943 48 Boote geplant.[211] Mit Kriegsbeginn war die Seekriegsleitung (Skl) aber bereit, die Zahlen der Überwasserkampfeinheiten zugunsten des U-Boot-Programms einzuschränken und forderte nun für Schnellboote als Mindest-Endziffer 40–50 Boote und danach einen jährlichen Ersatz von 16 Einheiten.[212] Im Rahmen dieses Bauprogramms liefen ab Anfang 1941 neue Boote zu. Da neue Besatzungen aber nur im begrenzten Umfang zur Verfügung standen, wurden die älteren und nicht mehr zuverlässigen Boote außer Betrieb genommen. Die neuen Einheiten hatten die bereits auf dem Typ S 30 erprobte und bewährte geschlossene Back. Neu war aber, dass die Boote den Kommandostand nicht mehr vor dem Brückenhaus, sondern auf dieses aufgesetzt besaßen. Damit war endgültig eine richtige „Brücke"[213] erreicht.

Die Boote dieser Baureihe wurden parallel bei Lürssen und Schlichting in Travemünde gebaut. Obwohl die Serie bereits mit S 26 begann, wurde sie allgemein als Typ 38 bezeichnet.

Die Boote waren glänzend weiß gemalt, ein Anstrich, von dem später gesagt wurde, dass er mit ein Schlüssel zu den Anfangserfolgen der Boote gewesen sei, da die Konturen in der Nacht völlig verwischt worden seien.[214] Nur bei den Einsätzen in den finnischen Schären im Rahmen des Krieges gegen die Sowjetunion wurde ein grau-grün-blauer Anstrich in Wellenform auf weißem Untergrund gewählt. Zeitweilig wurde ein solcher Tarnanstrich danach auch noch im Nordmeer genutzt, auf allen anderen Kriegsschauplätzen blieb es bei dem weißen Anstrich. .

Der Typ S 38 wurde in den Folgejahren immer weiter verbessert.

---

[211] Vgl. Guntram Schulze-Wegener: Die deutsche Kriegsmarine-Rüstung, Hamburg 1997, S. 12 f.

[212] Seekriegsleitung (Skl) vom 27.10.1939, zitiert bei Michael Salewski: Die deutsche Seekriegsleitung 1935–1945, Bd. 2, München 1975, S. 606.

[213] Die Bezeichnung „Brücke" stammt ursprünglich aus der Zeit der Raddampfer, als es zwischen den Radkästen eine Brücke für die Schiffsführung gab.

[214] Vgl. Erfahrungsbericht über die Bewährung des Schnellboottyps S 38 in technischer und seemännisch-taktischer Hinsicht, o.O., o.D. S. 11.

Bei den Motoren wurde durch Aufladung die Leistung auf 2.500 PS (MB 511) erhöht, was eine Höchstgeschwindigkeit von 42 kn bedeutete.

Bei der Bewaffnung wurde zuerst in der Back eine 2-cm-Kanone eingebaut, um auch nach vorne feuern zu können. Dann wurden einzelne Boote mit einer 4-cm-Kanone achtern ausgerüstet, andere Boote trugen stattdessen ein 2-cm-Doppel- oder -Vierlings-, später auch 3,7-cm-Geschütz.

Für die Navigation wurde das Echolot ab dem Frühjahr 1942 eingebaut, ein Funkpeiler mit umlegbarem Peilrahmen sowie der Kreiselkompass folgten im Herbst 1943.

Nach Versuchen mit eingebauten Panzerplatten auf S 50 und S 63 wurde als Lösung eine Panzerkalotte von der Firma Lürssen entwickelt und zuerst auf S 100 (i.D. 5. Mai 1943) eingebaut. Oftmals wird deshalb auch vom Typ S 100 gesprochen, doch die Schnellbootsführung hielt weiter an der Bezeichnung Typ S 38 fest.[215] Viele ältere Boote wurden mit dieser gepanzerten Brücke 1943/44 nachgerüstet.

Ein nochmals verbesserter Motor MB 518 mit 3.000 PS kam nur noch auf den Booten S 170 und S 208 versuchsweise zum Einbau, wobei S 170 damit über 43 kn erreichte.[216] Um auch im Ablaufen noch Torpedos feuern zu können, wurden einige der Boote (ab S 700) mit zwei Hecktorpedorohren ausgerüstet, dafür entfiel dann allerdings die Minenbeladung.[217]

---

[215] ebenda, schon so im Titel.

[216] Vgl. Gerhard Hümmelchen: Die deutschen Schnellboote, Hamburg 1996, S. 222. Harald Fock: Schnellboote, Bd. 2, Herford 1974, S. 222, gibt hingegen an, dass auch die Boote S 301–307 noch damit ausgerüstet wurden.

[217] Welche Boote noch diese zusätzlichen Heckrohre führten, ist unklar. Günther Lutherer, Kdt. in der 1. SFltl., ist sich sicher, dass auf den beiden im Frühjahr 1945 zur Flottille gehörenden S 707 und S 708 keine Hecktorpedorohre vorhanden waren. Schreiben Günther Lutherer an Hans Frank vom 22. Juli 2010.

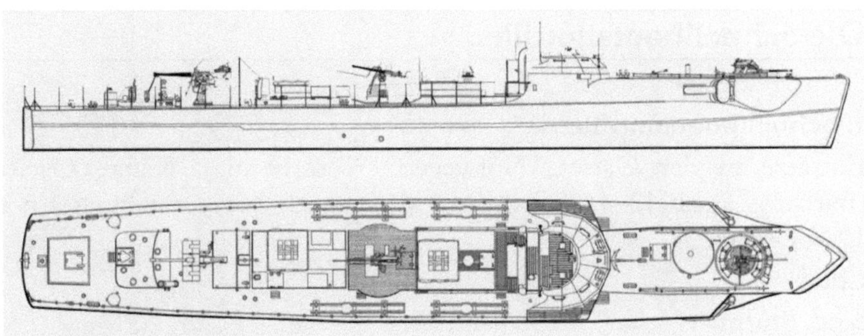

Bild 51 – Schnellboot Typ S 38 in der letzten Version 1944/45

1. Schnellbootsflottille

Einsätze in der Ostsee, Norwegen (Weserübung), Kanal, Ostsee (Barbarossa), 1942–44 Schwarzes Meer, nach Neuaufstellung Ende 1944 Ostsee.

Chefs:

Kptl. Sturm	03.38 – 11.39
Kptl. Birnbacher	11.39 – 09.42
Kptlt. Christiansen	09.42 – 09.43
Kptlt. Büchting	09.43 – Ende

2. Schnellbootsflottille

Einsätze in der Nord- und Ostsee, Norwegen (Weserübung), Kanal, Ostsee (Barbarossa), Kanal.

Chefs:

Kptlt. Petersen	08.38 – 10.41
Kptlt. Feldt	10.41 – 02.44
KKpt. Opdenhoff	02.44 – 02.45
Kptlt. Wendler	02.45 – Ende

3. Schnellbootsflottille

Einsätze im Kanal, Ostsee (Barbarossa), Mittelmeer.

Chefs:

Kptlt. Kemnade	05.40 – 07.43
KKpt. Schultz, H-M.	07.43 – 09.44
Kptlt. Müller, A.	09.44 – 10.44
Kptlt. Schulz, G.	10.44 – Ende

4. Schnellbootsflottille

Einsätze im Kanal bis 1945, dann noch Norwegen.

Chefs:

Kptlt. Bäthge	10.40 – 03.43

| KKpt. Lützow | 03.43 – 10.43 |
| Kptlt. Fimmen | 11.43 – Ende |

5. Schnellbootsflottille

Einsätze in der Ostsee (Barbarossa), Kanal, 1944 Ostsee, Kanal, 1945 Ostsee.

Chefs:

Kptlt. Klug	07.41 – 06.44
Kptlt. Johannsen	06.44
Kptlt. Holzapfel	07.44 – Ende

6. Schnellbootsflottille

Einsätze im Kanal, Norwegen, Kanal, Ostsee, Kanal.

Chefs:

| KKpt. Obermaier | 03.41 – 07.44 |
| Kptlt. Matzen | 07.44 – Ende |

7. Schnellbootsflottille

Einsätze im Mittelmeer.

Chefs:

| Kptlt. Trummer | 06.42 – 07.44 |
| Kptlt. Schulz, G. | 07.44 – 10.44 |

(trat dann zur 3. SFltl.)

8. Schnellbootsflottille

Einsätze in Norwegen und Kanal.

Chefs:

| Kptlt. Christiansen | 11.41 – 07.42 |
| Kptlt. Zymalkowski | 12.42 – Ende |

(Flottille wurde nach Norwegen Einsatz im Juli 1942 aufgelöst und im Dezember 1942 wieder aufgestellt.)

9. Schnellbootsflottille

Einsätze im Kanal.
Chef:
Kptlt. v. Mirbach   04.43 – Ende

10. Schnellbootsflottille

Einsätze im Kanal.
Chefs:
Kptlt. Müller, K.   03.44 – 09.44
Kptlt. Bludau   09.44 – Ende

11. Schnellbootsflottille

Einsätze im Schwarzen Meer.
Chef:
Kptlt. Meyer, H-J.   06.43 – 09.43
(Bestand aus ehemals ital. MAS-Booten)
Flottille wurde 1944 in der Ostsee neu aufgestellt, ohne aber noch
Boote zugewiesen zu bekommen.
Chef:
Kptlt. v. Stempel   12.44. – 04.45

21. Schnellbootsflottille

Einsätze in der Ägäis.
Chefs:
Kptlt. Wuppermann   09.43 – 02.44
Kptlt. Graser   03.44 – 10.44
(Bestand aus Leicht-S-Booten – LS-Boote)

22. Schnellbootsflottille

Übergabe in der Adria an Kroatien.
Chefs:
Kptlt. Wuppermann   12.43 – 02.44
Kptlt. Hüsing   03.44 – 10.44

(Bestand aus Küsten-S-Booten – KS-Boote)

24. Schnellbootsflottille
Einsätze in der Ägäis und Adria.
Chef:
Kptlt. Meyer, H-J.   11.43 – 10.44
(trat dann zur 3. SFltl.)
(Bestand aus ehemals jugoslawischen Booten)

1. Schnellbootsdivision
Einsätze im Mittelmeer
Chefs:
FKpt. Schultz, H-M.   07.43 – 03.45
Kptlt. Wuppermann   03.45 – Ende
(Führte die 3., 7., 21., 22. und 24. SFltl.)

Schnellbootsschulflottille
Chef:
Kptlt. Opdenhoff   07.42 – 10.43.
ging über in die:
Schnellbootslehrdivision
Chefs:
KKpt. Opdenhoff   11.43 – 02.44
KKpt. Feldt   02.44 – Ende
(Führte die 1., 2. und 3. Schulflottille)

1. Schnellbootsschulflottille
Einsätze in Norwegen.
Chef:
Kptlt. Wilcke   11.43 –Ende

2. Schnellbootsschulflottille

Einsätze in der Ostsee.

Chef:

Kptlt. Klose, H. H.   12.43 – Ende

3. Schnellbootsschulflottille

Chefs:

Kptlt. Siems   06.44 – 01.45
Kptlt. Detlefsen   01.45 – Ende

Lebenslauf

1905	geboren am 15. Juni in Atzerballig / Insel Alsen
	Schulbesuch in Atzerballig, Hadersleben, Halle, Berlin-Lichterfelde
1925	Reifeprüfung und Eintritt in die Reichsmarine mit der Crew 25 (01.04.)
	Ausbildung zum Seeoffizier
1929	Leutnant zur See (01.10)
	Bordausbildung in der II. Torpedobootsflottille, Wachoffizier (WO) auf dem Linienschiff SCHLESIEN sowie dem Kreuzer KARLSRUHE
1931	Oberleutnant zur See (01.07.)
	Zugführer in der Schiffsstammabteilung der Nordsee, WO auf dem Forschungsschiff METEOR, Kommandant PEILBOOT V, WO Torpedoboot JAGUAR und Adjutant 3. Torpedobootshalbflottille
1935	Kapitänleutnant (01.09.)
	Kommandant S 9, Kompaniechef in der Schiffsstammdivision der Ostsee, Teilnehmer an der Admiralstabsausbildung
1938	Chef 2. Schnellbootsflottille, bis Oktober 1941
1940	Korvettenkapitän (01.01.)
1941	ab Oktober im Stab des Führers der Torpedoboote (FdT)
1942	Führer der Schnellboote (FdS) ab 20.04. bis Kriegsende
1943	Fregattenkapitän (01.03.)
1944	Kapitän zur See (01.04.) und Kommodore (23.09.)
1945	Kriegsgefangenschaft (entlassen 11.03.1946), danach angestellt im Hydrographischen Institut
1947	Beginn der Prozesse, verschiedene Tätigkeiten und Arbeitslosigkeit
1953	Freispruch, danach Leiter der Segelschule Glücksburg bis April 1957
1957	Handelsvertreter und Angestellter beim Militärischen Abschirmdienst (MAD)

1965   Pensionierung

1983   gestorben am 02. Januar, begraben auf dem Friedhof Adelby

Verheiratet mit Anne Marie Rost (1954), keine Kinder

Deutsche Auszeichnungen:

01.04.1937   Dienstauszeichnung III. Klasse

26.10.1939   Erinnerungsmedaille Memel

10.04.1940   Eisernes Kreuz II. Klasse

28.05.1940   Eisernes Kreuz I. Klasse

04.08.1940   Ritterkreuz

11.12.1940   Zerstörer-Kriegsabzeichen

19.03.1942   Schnellboots-Kriegsabzeichen

13.06.1944   Eichenlaub zum Ritterkreuz (ausgehändigt am
                11.07.1944)

11.07.1944   Schnellboots-Kriegsabzeichen mit Brillianten

Stellungnahme Otto Kranzbühler

im Schreiben vom 28. März 1947 an den Untersuchungsrichter beim Landgericht Hamburg, in: Staatsarchiv Hamburg, Archivbestand 213-11, Signatur 7566/55, Bd. 3, Blatt. 426–431.

Otto Kranzbühler   Hamburg, den 28.März 1947.
Flottenrichter   Holzdamm 4-6

An den

    Untersuchungsrichter beim Landgericht Hamburg
       Herrn Dr. V o g t ,

                H a m b u r g ,
                Sievekingplatz
                Strafjustizgebäude

Betr.: Kapt.zur See a.D. P e t e r s e n .

     Auf Grund des mündlichen Ersuchens vom 20.3.1947 gebe
ich nachfolgend einen Bericht über diejenigen Umstände zur Zeit
der Kapitulation 1945, die in der Strafsache Petersen von
Bedeutung sein können. Der Bericht beruht auf Kenntnissen, die
ich aus dem ersten Nürnberger Verfahren als Verteidiger des
Grossadmirals Dönitz gewonnen habe, insbesondere auch auf Gesprächen mit Dönitz und Jodl, sowie auf Erfahrungen und Unterlagen aus meiner Tätigkeit als Chefrichter beim Marineoberkommando Nordsee zur Zeit der Kapitulation.

     Am 30.4.1945 abends erhielt Grossadmiral Dönitz über-
raschend die Nachricht aus Berlin, dass der Führer ihn zu
seinem Nachfolger bestimmt und ihm Vollmacht für die zweck-
mässigen Massnahmen erteilt habe. Mit der Nachricht waren
keinerlei sonstigen Weisungen verbunden; das später aufgefun-
dene Testament mit dem Auftrag zur Fortführung des Krieges war
unbekannt. Im Laufe des 1.Mai gingen noch zwei weitere Fernschreiben aus dem Führerbunker ein, in denen das Inkrafttreten
des Testaments und der Tod Hitlers übermittelt wurde.

     Für Grossadmiral Dönitz stellte sich die Lage wie folgt
dar: Die alliierten Fronten hatten sich vereinigt. Deutschland
war in zwei Teile gespalten. Eine Fortführung des Krieges war
sinnlos. Es handelte sich also darum, den Krieg in der zweck-
mässigsten Form, die noch möglich war, zu beenden. Diese Form
hiess mit Casablanca: bedingungslose Kapitulation. Kapitulation

                                  - 2 -

bedeutete jedoch Stehenbleiben der Truppe und Stehenbleiben
der Zivilbevölkerung im Augenblick des Inkrafttretens. Damit
würden bis zu den in Jalta festgelegten und der deutschen
Führung bekannten Linien die deutschen Armeen und die deutschen
Frauen in die Hände der Sowjettruppen fallen. Die Art der
Kriegführung dieser Truppen und ihr Verhalten gegenüber
Gefangenen und der Zivilbevölkerung war aus zahllosen Berichten bekannt. Weder die Truppen noch die Zivilbevölkerung
hätten am 1.Mai die mit der Kapitulation verbundene Verpflichtung, stehenzubleiben, gegenüber den Russen erfüllt.

Auf Grund dieser Lage fasste Dönitz den Entschluss, die
Feindseligkeiten nach Westen so schnell wie möglich zu beenden,
dagegen nach Osten Zeit zu gewinnen, um soviel wie möglich
Menschen dem russischen Zugriff zu entziehen und die seit
Wochen auf Hochtouren laufenden Abtransporte über See so lange
wie irgend möglich aufrechtzuerhalten.

Diesen Entschluss gab er am 1.Mai über den Rundfunk der
deutschen Bevölkerung und der Wehrmacht bekannt. In der Sendung
für die Zivilbevölkerung heisst es:

"Der Führer hat mich zu seinem Nachfolger bestimmt. Im
Bewusstsein der Verantwortung übernehme ich die Führung
des deutschen Volkes in dieser schicksalsschweren Stunde.
Meine erste Aufgabe ist die, deutsche Menschen vor der
Vernichtung durch den vordrängenden bolschewistischen Feind
zu retten. Nur für dieses Ziel geht der militärische
Kampf weiter."

Entsprechendes sagte er in der Ansprache an die Wehrmacht:

"Der Führer hat mich zu seinem Nachfolger als Staatsoberhaupt und als oberster Befehlshaber der Wehrmacht bestimmt.
Ich übernehme den Oberbefehl über alle Teile der deutschen
Wehrmacht mit dem Willen, den Kampf gegen den Bolschewismus
fortzusetzen, bis die kämpfende Truppe und bis hundert-
tausende von Familien des deutschen Ostraums vor der Ver-
sklavung und vor der Vernichtung gerettet sind."

In der Nacht vom 1.zum 2.Mai wurde Admiral v.Friedeburg
als Unterhändler zu Montgomery entsandt und dort am 3.5. eine
Teilkapitulation für die Räume Norddeutschland, Holland und

- 3 -

Dänemark abgeschlossen, die am 5.5. um 8 Uhr in Kraft trat.
Bedingungen dieser Kapitulation waren: keine Waffenvernichtungen, keine Schiffsversenkungen, volles Zusammenbleiben der
deutschen Verbände und Wahrung der Disziplin.

Friedeburg fuhr sofort weiter zu Eisenhower nach Reims,
um auch eine Teilkapitulation gegenüber den Amerikanern
zustandezubringen. Eisenhower lehnte ab, auch als Jodl am
6.Mai zu weiteren Verhandlungen erschien. Grossadmiral Dönitz
gab schliesslich seine Zustimmung zu der Forderung Eisenhowers,
dass am 8.Mai in Berlin die vollständige Kapitulation unterzeichnet und diese am 9.Mai um 0 Uhr in Kraft treten sollte.
Diese Entwicklung wurde der Bevölkerung und auch einem grossen
Teil der Wehrmacht erst am 8.Mai mittags über den Rundfunk
bekanntgegeben.

Für die höheren Führer im Nordraum ergab sich auf Grund
dieser Entwicklung folgende Beurteilung ihrer Aufgaben:

A) Bis zum <u>Bekanntwerden</u> der allgemeinen Kapitulation, also
   mindestens bis zum 7.Mai blieb volle Kriegsbereitschaft nach
   Osten bestehen. Das galt also auch und gerade für die in
   der Ostsee eingesetzten Verbände der Kriegsmarine. Den verantwortlichen Admiralen ist in diesen Tagen immer wieder
   eingeschärft worden, dass die Marine nicht in letzter Minute
   versagen dürfe und dadurch vielleicht noch politische Vorteile verlorengingen, die man sonst erhalten könne.

B) Bis zum <u>Inkrafttreten</u> der allgemeinen Kapitulation, also bis
   zum 9.Mai 0 Uhr, herrschte für die Kriegsmarine volle Einsatzbereitschaft für Transport- und Geleitaufgaben. Tatsächlich haben gerade die Schnellboote bis zur letzten Minute
   Flüchtlinge und Truppen aus den Ostgebieten herausgeholt.

C) Über den Zeitpunkt der Kapitulation hinaus trugen die militärischen Führer die Verantwortung für die Erfüllung der
   Kapitulationsbedingungen, die sowohl in der Teilkapitulation
   wie später in der allgemeinen Kapitulation ausdrücklich festgelegt waren.

a) Keine Schiffsversenkungen.

Dieser Befehl wurde von Dönitz sowohl allgemein gegeben,
wie auch den einzelnen Befehlshabern und sogar einzelnen
Booten. Er forderte in diesem politisch besonders wichtigen Punkte unbedingten Gehorsam und machte jeden Befehlshaber verantwortlich für das Verhalten seiner Untergebenen.

b) Volle Aufrechterhaltung der Disziplin, Stehenbleiben der
Truppe in den befohlenen Räumen, kein Auseinanderlaufen,
keine Meuterei.

Auch dieser Punkt wurde den Befehlshabern bei jeder Gelegenheit eingehämmert.

Die volle Erhaltung der militärischen Ordnung und
Disziplin wurde von der Besatzungsmacht nicht nur in den Kapitulationsbedingungen und in den Einzelbesprechungen der örtlichen
Befehlshaber gefordert, sondern auch rechtlich und tatsächlich
sichergestellt. In der Proklamation Nr.1 wird die allgemeine
Gerichtsbarkeit sowie die SS- und Parteigerichtsbarkeit aufgehoben, nicht dagegen die Kriegsgerichtsbarkeit. Dementsprechend
teilt das OKM den unterstellten Dienststellen am 10.Mai mit:

"Kriegsgerichtsbarkeit als Teil der Kommandogewalt wird
auch nach dem Waffenstillstand unverändert durch die Wehr-
machtsgerichte ausgeübt, solange von der Besatzungsmacht
keine andere Anordnung ergeht."

In dem gleichen Erlass wird die Fortgeltung der
Bestimmungen über Fahnenflucht festgestellt. Darin heisst es:

"Todeswürdig bleibt die Fahnenflucht jedoch nur als typische
Auflösungserscheinung. Die jetzige Notlage verlangt
scharfes Durchgreifen, um ein Abgleiten ins Chaos zu
vermeiden."

Am 14.Mai meldete Admiral Deutsche Bucht:

"Englische Besatzungsmacht verlangt, dass deutsche Kommando-
behörden Disziplin in vollem Umfange aufrechterhalten,
Desertationen unter allen Umständen verhindern. Schärfste
Strafbestimmungen werden von Besatzungsmacht bei Nicht-
erfüllung dieser Forderungen angekündigt."

161

Am 17.Mai bestätigt das Oberkommando erneut die Fortgeltung der Kriegsgerichtsbarkeit und teilt mit:

"2.Britische Panzerarmee gegenüber Armeegruppe Blumentritt
folgende Einschränkungen Gerichtsbarkeit auferlegt:
Keine Vollstreckung Todesurteile ...... Diese Einschränkungen allgemein beachten."

Bis zur Kenntnis dieser Weisung musste sich daher
meiner Ansicht nach jeder Gerichtsherr der Kriegsmarine als
berechtigt und gegebenenfalls als verpflichtet ansehen, Todesurteile zu vollstrecken.

Zum Schluss noch 2 Beispiele über die praktische Einstellung der Besatzungsmacht zur Aufrechterhaltung der
Disziplin:

1) Am 9.5.1945 verweigerte in einer Wilhelmshavener Batterie
der Oberfeldwebel Gilles seinem Batteriechef den Gehorsam
und widersetzte sich gewaltsam der Festnahme. Der fest-
nehmende Offizier machte auf Befehl des Batteriechefs
von der Waffe Gebrauch und erschoss den Oberfeldwebel.
Eine gerichtliche Untersuchung wegen des Vorfalls wurde
deutscherseits eingestellt. Darauf wurde von dem englischen
Militärgericht in Wilhelmshaven der deutsche Untersuchungs-
führer sowie die beteiligten Offiziere der Flakabtlg.212
angeklagt. Das Gericht sprach alle Angeklagten frei.
Wie es im Bericht der Wilhelmshavener Zeitung heisst, wies
das Gericht in der Urteilsbegründung darauf hin, dass es
gerade in den Tagen nach der Kapitulation darauf angekommen
sei, Ordnung und Disziplin unter den deutschen Truppen
aufrechtzuerhalten. Den entsprechenden Ausschnitt aus der
Zeitung füge ich bei.

2) Nach der Kapitulation wurden einer Marineeinheit in Holland
durch die englischen Besatzungstruppen mehrere deutsche
Fahnenflüchtige übergeben, die sich bei der holländischen
Untergrundbewegung verborgen gehalten hatten. Auf Anfrage
wurde dem deutschen Befehlshaber eröffnet, dass diese
Fahnenflüchtigen nach Kriegsrecht abzuurteilen seien. In

162

431

Gegenwart eines kanadischen Majors verurteilte das deutsche
Kriegsgericht sie daraufhin zum Tode. Der deutsche Befehlshaber fragte erneut an, ob diese Strafe unter den heutigen
Verhältnissen auch vollstreckt werden solle. Der alliierte
Divisionskommandeur fragte bei seinem Corps zurück und erhielt
Weisung zur Vollstreckung. Die inzwischen bereits entwaffnete
deutsche Truppe erhielt daraufhin die erforderliche Anzahl
von Gewehren zurück. Die Verurteilten wurden am 12. oder
13. Mai erschossen.

Otto Charlein

Auszug aus der Urteilsbegründung des Landgerichts Hamburg vom 27. Februar 1953

(Staatsarchiv Hamburg, Archivbestand 213-11, Signatur 7566/55, Bd. 6, Blatt 1.157 ff.)

„Das Schwurgericht glaubt Petersen, dass er aus dem Gefühl der Verantwortlichkeit für die Erhaltung der Disziplin seines Verbandes und für das, wiederum hiervon abhängige Wohl eines Teils des Deutschen Volkes, die Urteile hat vollstrecken lassen. Die Anklage hat dem entgegengehalten, dass die Disziplin in der Schnellbootwaffe ernstlich gar nicht gefährdet war. Ob dies richtig ist, ist heute nicht mehr festzustellen.

... Es kommt aber auf diese Frage letzten Endes nicht an, denn für die Schuld Petersens ist es allein entscheidend, ob er die disziplinäre Lage zur Zeit seiner Entscheidung als kritisch ansah oder nicht. Dies muss aufgrund der Beweisaufnahme bejaht werden.

... Es ist weiter von der Anklage eingewandt worden, dass weitere Fälle von Fahnenflucht kaum zu erwarten gewesen seien und es sich bei den drei Soldaten nicht einmal um Angehörige von Bootsbesatzungen, sondern um Angehörige des militärisch kaum verwendbaren Bataillons Sander gehandelt hatte. Beides ist richtig. Dem steht aber entgegen, dass Petersen als Führer des gesamten Verbandes die Disziplin als ein einheitliches Ganzes ansah. ...

Es ist nun zwar richtig, dass mit dem Eintreten der Gesamtkapitulation Kriegseinsätze der Schnellboot-Waffe nicht mehr zu erwarten waren. Die Beweisaufnahme hat aber ergeben, dass in den Köpfen der Schnellbootleute, hauptsächlich allerdings wohl in denen der Offiziere, der Gedanke spukte, dass der Krieg irgendwo noch weitergehen könne. Sogar nach der Gesamtkapitulation wurde die Ansicht vertreten, dass eine Fortsetzung des Krieges gegen den Osten nicht unwahrscheinlich sei. Man hoffte auf eine Spaltung der Alliierten und glaubte, dass Engländer und Amerikaner sich gemeinsam mit den Deutschen gegen Russland wenden würden. Das erscheint uns heute absurd, damals jedoch wurde die Meinung ernstlich diskutiert. Dönitz selbst hatte durch seine erste Rundfunkansprache den Grund hierfür gelegt. Später, ja sogar noch nach der Gesamtkapitulation, wurde diese Auffassung durch hohe Offiziere, wie den Generaladmiral von Friedeburg, gefördert. ... Sicher hat Petersen aber aufgrund seiner letzten Informationen bei der obersten Führung über die von Dönitz verfolgte politische Absicht der Rettung von Deutschen aus den Ostgebieten, welche Petersen selbst leidenschaftlich bejahte, und aufgrund der Tatsache, dass bis zum letzten Augenblick die Schnellboote noch zu diesem Zweck eingesetzt wurden, geglaubt, dass der Einsatz der Boote auch noch nach der Kapitulation geboten und möglich sein würde. Auch aus diesem Grunde musste ihm die Erhaltung der Disziplin in seinem Verbande außerordentlich wichtig erscheinen.

Hinzu kommt schließlich als für Petersen wohl stärkster Beweggrund das Gefühl der Verpflichtung gegenüber der obersten Führung (zu erinnern ist an den OKW-Befehl Keitels, in dem die Aufrechterhaltung der Disziplin „mit eiserner Strenge" gefordert wird), insbesondere gegenüber dem Reichsoberhaupt Dönitz selber, der ihm die Erhaltung der Disziplin in seinem Verbande dringend eingeschärft, ihn persönlich dafür verantwortlich gemacht und dabei auf die für das Deutsche Volk bei einer Auflösung der Disziplin, insbesondere bei Bootsversenkungen, zu erwartenden schweren Folgen hingewiesen hatte.

... Die Maßnahmen, die als eventuelle Repressalien der Alliierten bei Verletzung der Waffenstillstandsbedingungen zu erwarten waren, bedeuteten nach der damaligen Auffassung möglicherweise erhöhte Not oder sogar Tod für viele deutsche Menschen. Auch davon, ob noch Menschen aus dem Osten abtransportiert werden konnten, hing möglicherweise für viele Menschen auf lange Zeit hinaus Glück und Leid ab. Wenn Petersen sich alle diese Möglichkeiten als äußerst schwer vorgestellt hat, was bei seiner ernsten Natur sicher anzunehmen ist, so ergibt sich, dass tatsächlich schwerwiegende Gründe ihn zu seiner Entscheidung veranlasst haben. ...

Es ist Petersen weiter von der Anklage vorgeworfen worden, dass er die Bestätigung des Urteils unnötig schnell ausgesprochen und, nachdem sie ausgesprochen war, die Vollstreckung unnötig schnell hat durchführen lassen. Beides von dem damaligen subjektiven Standpunkt Petersens aus, von welchem hier auszugehen ist, sicher mit Unrecht; denn wenn Petersen die Vollstreckung des Urteils, um die Disziplin zu retten, für erforderlich hielt, musste er sie ohne Aufschub durchführen. Die disziplinäre Lage war nach der Meinung Petersens gerade in dem Augenblick seiner Entscheidung kritisch. Wenn, womit Petersen rechnete, weitere Ungehorsamstaten, insbesondere Schiffsversenkungen, einmal geschehen waren, würde die Urteilsvollstreckung den Sinn, von solchen Taten abzuschrecken, völlig verfehlt haben. ...

Es ist nach dem Ergebnis der Beweisaufnahme auch nicht richtig, dass Petersen den Rechtsgrundsatz, dass Strafe eine entsprechende Schuld voraussetze, in seinen Überlegungen gänzlich vernachlässigt hat.

Der Abschreckungsgedanke hat bei seiner Entscheidung zweifellos im Vordergrund gestanden, aber nicht ausschließlich. Er hielt auch die Schuld der geflüchteten Soldaten für schwer. Fahnenflucht war für ihn das schimpflichste Verbrechen, das man sich denken konnte. 20 Jahre war er in diesem Glauben erzogen worden, der bei ihm fest eingewurzelt war. Er sah die Tat der Geflüchteten nicht als eine unüberlegte, bei der hoffnungslosen Kriegslage verständliche Handlung an, sondern hielt ihr Verhalten für durchaus verwerflich, zumal er darüber unterrichtet worden war, dass die Geflüchteten versucht hatten, andere zum Mitgehen zu verleiten.

Petersen hat nicht erkannt, dass die Soldaten sich in Wahrheit nicht dem Einsatz, sondern nur der drohenden Gefangenschaft entziehen wollten. Einerseits war er hierüber von Holzwig falsch unterrichtet worden, andererseits hat er bei seiner Auffassung der damaligen Lage an diese Möglichkeit nicht gedacht, insbesondere deshalb, weil ihm bei seinem soldatischen Denken überhaupt in erster Linie die äußere Tat wichtig war. Er war nicht der Auffassung, dass es sich hier um ein geringfügiges Ausbrechen aus der befohlenen Ordnung handelte, das mit milder Strafe gesühnt werden konnte. Er hat auch die Persönlichkeiten der einzelnen Angeklagten gewürdigt und gerade aus diesem Grunde in seinen Besprechungen mit Holzwig, wie auch bei seinem letzten Ringen um die Entscheidung, eine Vollstreckung nur gegen Wehrmann erwogen, dies dann jedoch als vermeintlich ungerecht verworfen. ...

Quellen- und Literaturverzeichnis

Quellen:

(Bundesarchiv/Militärarchiv = BAMA)

Kriegstagebuch der Seekriegsleitung 1939–1945, Teil A. Im Auftrag d. Militärgeschichtlichen Forschungsamtes in Verbindung mit dem Bundesarchiv-Militärarchiv und der Marine-Offizier-Vereinigung, hrsg. von Werner Rahn u. Gerhard Schreiber unter Mitwirkung von Hansjoseph Maierhöfer, Bd 1–68, Herford, Bonn 1988–1997.

Kriegstagebuch des Führers der Torpedoboote, 30.11.1939 - 31.08.1940, BAMA RM 53/3; 01.09.1940–28.02.1941, BAMA RM 53/4; 01.03.1941–30.11.1941, BAMA RM 53/5; 01.12.1941– 20.04.1942, BAMA RM 53/6.

Kriegstagebuch des FdT Helsinki, Juni–Oktober 1941, BAMA RM 53/13.– 53/18.

Kriegstagebuch des Führers der Schnellboote, 20.04.1942– 31.12.1942, BAMA RM 55/1 u. 55/2; 01.01.1943–15.06.1943, RM 55/29–55/39; 15.06.1943–30.06.1943, BAMA RM 55/4; 07.07.1943–31.10.1943, BAMA RM 55/40–RM 55/47; 01.11.1943–31.12.1943, BAMA III M(F) 51; 01.01.1944– 31.01.1945, BAMA RM 55/7–55/12.

Kriegstagebuch des Marinegruppenkommandos West, 01.07.1940– 31.12.1940, BAMA RM 35/II 38–42; 01.01.1942–31.07.1944, BAMA RM 35/II 52–64; 01.08.1944–17.09.1944, BAMA RM 35/II 66–67.

Kriegstagebuch der 2. Schnellbootsflottille, 03.09.1939–15.10.1944, BAMA III M 362/1–8, es fehlt die Zeit für die Norwegenbesetzung (Weserübung).

Erfahrungsbericht über die Bewährung des Schnellboottyps S 38 in technischer und seemännisch-taktischer Hinsicht. Unveröffentlichte Ausarbeitung des ehemaligen FdS Stabes, o.O. o.J., – auch als Petersen Bericht bezeichnet. Archiv Freundeskreis Schnellboote und Korvetten, Warnemünde.

HM Stationary Office, Admiralty: Ships of the Royal Navy – Statement of Losses during the Second World War, London 1947.

Public Record Office, London, Operational Intelligence Centre; Special Intelligence Summary, sowie ADM 223 und DEFE 3.

Marinedienstvorschrift (MDv) Nr. 53: Flaggen-, Salut- und Besuchs-Ordnung für die Kriegsmarine v. 21.03.1932, Nachdruck 1941.

Marineverordnungsblatt.

Personaldatenblatt der „Deutsche Dienststelle (WASt) für die Benachrichtigung der nächsten Angehörigen von Gefallenen der ehemaligen deutschen Wehrmacht".

Ranglisten der Reichs- und Kriegsmarine.

Staatsarchiv Hamburg: (Petersen Prozesse) Archivbestand 213-11, Signatur 7566/55, Bd. 1–10.

Literatur:

Asmussen, Bernhard: Untergang in der Geltinger Bucht, Chronik des Kirchspiels Steinberg (Hrsg.), Sonderband 16, Breklum 2015.

Assmann, Kurt: Deutsche Seestrategie in zwei Weltkriegen, Heidelberg 1957.

Bonatz, Heinz: Die Deutsche Marine-Funkaufklärung 1914–1945, Darmstadt 1970.

Bonatz, Heinz: Seekrieg im Äther. Die Leistungen der Marine-Funkaufklärung 1939–1945, Herford 1981.

Büchting, Hermann: Einsatz der 1. SFltl. 1942–1945 , ca. 1960, Archiv Freundeskreis Schnellboote und Korvetten, Warnemünde.

Breyer, Siegfried: Die Deutsche Kriegsmarine 1939–1945, Bd. 2., Hanau 1986.

Dickens, Peter: Einsatz zwischen Dämmerung und Morgengrauen, Stuttgart 1978.

Docter, H.: Die Anfänge des Marine-Schnellbootbaus, in: Wehrtechnische Monatshefte 1963, S. 325 und 374.

Duppler, Jörg: Germania auf dem Meere, Hamburg 1998.

Ehrensberger, Konrad: 100 Jahre Organisation der deutschen Marine, Bonn 1993.

Entscheidungen des Obersten Gerichtshofes für die Britische Zone, Hrsg. Mitglieder des Gerichtshofes und der Staatsanwaltschaft beim Obersten Gerichtshof, Hamburg 1949.

Fock, Harald: Schnellboote, Bd. 1: Von den Anfängen bis zum Ausbruch des 2. Weltkrieges, Herford 1973; Bd. 2: Entwicklung und Einsatz im 2. Weltkrieg, Herford 1974.

Foerster, Roland G.: Die Ardennen-Offensive 1944. Politisch-strategische Überlegungen und operative Konzepte auf deutscher Seite in: Ottmer, Hans-Martin und Ostertag, Heiger (Hrsg.), Ausgewählte Operationen und ihre militärhistorischen Grundlagen / im Auftrag des MGFA, Herford 1993, S. 439–457.

Frank, Hans: Die deutschen Schnellboote im Einsatz, von den Anfängen bis 1945, Hamburg 2006.

Friedrich, Jörg: Freispruch für die Nazi-Justiz – Die Urteile gegen NS-Richter seit 1948 – Eine Dokumentation, Berlin 1998.

Frieser, Karl-Heinz: Blitzkrieg-Legende, Der Westfeldzug 1940, München 1995.

Giermann, Christian: Schnellbootseinsätze der Kriegsmarine im Westraum 1942/1943. Eine Untersuchung von Taktik und Technik im Hinblick auf Schnellboote der Deutschen Marine, Jahresarbeit an der Führungsakademie der Bundeswehr, Hamburg 1970.

Giessler, Helmuth: Der Marine-Nachrichten- und Ortungsdienst, München 1971.

Goulter, Christina J.M.: A Forgotten Offensive, Royal Air Force Coastal Command's Anti-Shipping Campain, 1940–1945, London 1995.

Gribbohm, Günter: 5. Mai 1945, Meuterei auf M 612 in: Militärgeschichte, Heft 1, 1. Quartal 2000, S. 9–15.

Gröner, Erich: Die Deutschen Kriegsschiffe 1815–1945, Bd. 2: Torpedoboote, Zerstörer, Schnellboote, Minensuchboote, Minenräumboote, Bonn 1999, Bd. 4: Hilfsschiffe I: Werkstattschiffe, Tender und Begleitschiffe, Tanker und Versorger, Koblenz 1986.

Hartwig, Dieter: Großadmiral Karl Dönitz, Paderborn 2010.

Hewitt, Nick: Coastal Convoys 1939–1945, Barnsley 2010.

Hillgruber, Hümmelchen: Chronik des zweiten Weltkrieges, Düsseldorf 1978.

Hoops, Henning: Der Einsatz von Schnellbooten 1945 im Kampf gegen den britischen Geleitverkehr im Kanal in: Flottenkommando (Hrsg.), 27. Historisch-Taktische Tagung der Flotte 1987, Glücksburg 1987, S. 269–304.

Hubatsch, Walther: Weserübung – Die deutsche Besetzung von Dänemark und Norwegen 1940; 2. völlig neu bearbeitete Auflage, Göttingen 1960.

Hümmelchen, Gerhard: Die Deutschen Schnellboote im Zweiten Weltkrieg, Hamburg 1996.

Jefferson, David: Coastal Forces at War, Sparkford 1996.

Klietmann, Kurt-G.: Auszeichnungen des Deutschen Reiches 1936–1945, 8. Auflage Stuttgart 1996.

Krancke, Theodor: Die Invasionsabwehrmaßnahmen der Kriegsmarine im Kanalgebiet 1944, in: Marine-Rundschau 1969, S. 170.

Krause-Traudes, Markus: Einsätze der 5. Schnellbootflottille in der östlichen Ostsee im Herbst 1944, in: Flottenkommando (Hrsg.), 27. Historisch-Taktische Tagung der Flotte 1987, Glücksburg 1987, S. 219–254.

Ledebur, Gerhard Frhr. von: Die Seemine, München 1977.

Lenton, H.T. and Colledge, J.J.: Warships of World War II, Sec. Edition, London 1973.

Lloyds of London Press Ltd: Lloyds War Losses, Vol. I: British, Allied and Neutral Merchant Vessels sunk or destroyed by War Causes, London 1989.

Lohmann, Walter und Hildebrand, Hans J.: Die Deutsche Kriegsmarine 1939–1945 , Bd. I–III, Bad Nauheim 1956.

Lorenz, Hermann: Die Ostsee-Kriegführung der Roten Flotte im 2. Weltkrieg, in: Das dt. Bild der russischen und sowj. Marine, Beiheft 7/8 der Marine-Rundschau, Frankfurt/M. 1962.

Matthei, Dieter; Duppler, Jörg; Kuse, Karl Heinz: Marineschule Mürwik, Herford 1985.

Messerschmidt, Manfred: Deserteure der Wehrmacht (Hrsg. W. Wette), Essen 1995.

Messerschmidt, Manfred: Die Wehrmachtsjustiz 1933–1945, Paderborn 2005.

Militärgeschichtliches Forschungsamt (Hrsg.): Das Deutsche Reich und der Zweite Weltkrieg Bd. 2 – Die Errichtung der Hegemonie auf dem europäischen Kontinent, Stuttgart 1979, Bd. 7 – Das Deutsche Reich in der Defensive, München 2001 und Bd. 10/1 – Der Zusammenbruch des Deutschen Reiches 1945, München 2008.

Militärgeschichtliches Forschungsamt (Hrsg.): Deutsche Militärgeschichte 1648–1939, Bd. 5, Deutsche Marinegeschichte der Neuzeit, München 1983.

Missfeldt, Jochen: Steilküste, Reinbek 2005.

Morison, Samuel Eliot: History of United States Naval Operations in World War II, Vol. XI: The Invasion of France and Germany, Bopston 1960.

Mitglieder des Gerichtshofes und der Staatsanwaltschaft beim Obersten Gerichtshof (Hrsg.): Entscheidungen des Obersten Gerichtshofes für die Britische Zone, Hamburg 1949.

Müller, Kptlt.: Die Schnellbootswaffe im Krieg mit der feindlichen Ortung, in: Fachvorträge über Schiffsortung beim Oberkommando der Kriegsmarine vom 09.–10.03.1943, Hrsg. Ausschuss für Funkortung o.O., o.J.

Munson, Kenneth: Die Weltkriegs II-Flugzeuge, 12. Auflage, Stuttgart 1983.

Neitzel, Sönke: Der Einsatz der deutschen Luftwaffe über dem Atlantik und der Nordsee 1939–1945, Bonn 1995.

Neitzel, Sönke: Die verbunkerten Frontstützpunkte der U-Boot- und Schnellbootwaffe, in: Militärgeschichte, Heft 2, 2. Quartal 1004, S. 27–33.

Neitzel, Sönke: Die Zusammenarbeit zwischen Schnellbooten und Luftwaffe, in: Militärgeschichte, Heft 4, 4. Quartal 1995, S. 55–63.

North, A. J. D.: Royal Naval Coastal Forces 1939–1945, London 1972.

Orth, Kathrin: Kampfmoral und Einsatzbereitschaft in der Kriegsmarine 1945 in: Kriegsende 1945 in Deutschland, herausgegeben im Auftrag des Militärgeschichtlichen Forschungsamtes von Jörg Hillmann und John Zimmermann, München 2002, S. 137–155.

Ottmer, Hans-Martin: Weserübung, München 1994.

Patzwall, Klaus D.: Die Auszeichnungen der Kriegsmarine 1939–1945, Norderstedt 1987.

Paul, Gerhard / Schwensen, Broder (Hrsg.): Mai '45 Kriegsende in Flensburg, Flensburg 2015.

Perels, Joachim und Wette, Wolfgang (Hrsg.): Mit reinem Gewissen – Wehrmachtsrichter in der Bundesrepublik und ihre Opfer; Berlin 2011.

Pfeifer, Douglas C.: Drei Deutsche Marinen. Kleine Schriftenreihe zur Militär- und Marinegeschichte, Bd. 14, Bochum 2007.

Potter, Elmar B., Nimitz, Chester W. u. Rohwer, Jürgen: Seemacht. Von der Antike bis zur Gegenwart, München 1982.

Rahn, Werner: Reichsmarine und Landesverteidigung 1919–1928, Konzeption und Führung der Marine in der Weimarer Republik, München 1976.

Rahn, Werner: Warnsignale und Selbstgewissheit. Der deutsche Marine-Nachrichtendienst und die vermeintliche Sicherheit des Schlüssels M (Enigma) 1943/44 in: Militärgeschichtliche Zeitschrift Nr. 61 (2002), S. 141–154.

Rahn, Werner: Die deutsche Seekriegführung 1943–1945, in: Das Deutsche Reich und der Zweite Weltkrieg Bd. 10/1, Militärgeschichtliches Forschungsamt (Hrsg.), München 2008, S. 1–273.

Rath, Norbert: Kommodore Rudolf Petersen. Biographie, unveröffentlicht, Langballig 2005; Archiv Freundeskreis Schnellboote und Korvetten, Warnemünde.

Rebensburg, Bernd: Erinnerungen an den Schnellbootseinsatz im Westen 1940–1945, Bonn 1999, einsehbar in Bibliothek: Führungsakademie der Bundeswehr, Marineschule Mürwik und Zentrum für Militärgeschichte und Sozialwissenschaften der Bundeswehr.

Reuter, Frank: Funkmeß. Die Entwicklung und der Einsatz des Radar-Verfahrens in Deutschland bis zum Ende des Zweiten Weltkrieges, Opladen 1971.

Rohwer, J. und Hümmelchen, G.: Chronology of the War at Sea 1939–1945, Vol. I: 1939–1942, London 1972, Vol. II: 1943–1945, London 1974.

Roskill, S. W.: The War At Sea 1939–1945, Vol. I: The Defensive, London 1954, Vol. II: The Period of Balance, London 1956, Vol. III/1 und III/2: The Offensive, London 1960 und 1961.

Ruge, Friedrich: Im Küstenvorfeld, München 1974.

Salewski, Michael: Die deutsche Seekriegsleitung 1935–1945, Bd. I: 1935–1941, Frankfurt/M. 1970; Bd. 2: 1942–1945, München 1975; Bd. 3: Denkschriften und Lagebeurteilungen, Neustadt 1973.

Schulze-Wegener, Guntram: Die deutsche Kriegsmarine-Rüstung, Hamburg 1997.

Schuur, Heinrich; Martens, Rolf; Koehler, Wolfgang: Führungsprobleme der Marine im Zweiten Weltkrieg; Freiburg 1986.

Scott, Peter: The Battle of the Narrow Seas, London 1946.

Suxdorf, Norbert: Rudolf Petersen, ein Kapitän des Wiederaufbaus, in: Das Blaue Band, Zeitschrift des Deutschen Hochseesportverbandes HANSA, 3/2008, S. 16 ff.

Tent, James Foster: E-Boat Alert, Defending the Normandy Invasion Fleet, Annapolis 1996.

Treue, Wilhelm: Deutsche Marinerüstung 1919–1942, / Wilhelm Treue, Eberhard Möller, Werner Rahn, Herford 1992.

Umbreit, Hans (Hrsg.): Invasion 1944, Hamburg 1998.

Vogel, Detlef: Deutsche und Alliierte Kriegführung im Westen, in: Das Deutsche Reich und der Zweite Weltkrieg Bd. 7, Militärgeschichtliches Forschungsamt (Hrsg.), München 2001.

Volkmann, Hans-Erich: Zur Verantwortlichkeit der Wehrmacht; in: Militärgeschichtliches Forschungsamt, Militärgeschichte, Heft 2, 1999.

Wagner, Gerhard (Hrsg.): Lagevorträge des Oberbefehlshabers der Kriegsmarine vor Hitler 1939–1945, München 1972.

Wegener, Edward: Die Normandie-Invasion und die Marine, in: Marine-Forum 6/79, S. 161–165.

Wegener, Wolfgang: Die Seestrategie des Weltkrieges, Berlin 1929.

Wegmüller, Hans: Die Abwehr der Invasion, Freiburg 1979.

Wette, Wolfram (Hrsg.): Mit reinem Gewissen, Berlin 2011.

Weinberg, Gerhard L.: Eine Welt in Waffen: Die Globale Geschichte des Zweiten Weltkrieges, Stuttgart 1995.

Whitley, Mike: Deutsche Seestreitkräfte 1939–1945, Stuttgart 1995.

Zienert, Josef: Unsere Marineuniform, Hamburg 1970.

Personen- und Sachverzeichnis

Bildnachweis

Bibliothek für Zeitgeschichte: 25
Feldt: 19, 26
Frank: 1, 11, 12, 13, 16, 17, 21, 22, 32, 33, 34, 35, 38
Freundeskreis Schnellboote und Korvetten: Titelbild, 6, 7, 10, 15, 23, 27, 28, 30, 31, 36, 39, 40, 41, 43, 44, 47, Rückseite
Gillner: 29
Hamburger Abendblatt: 45
Hanseatische Yachtschule: 48
Laarman, Maurice: 24
Lürssen: 51
Marineschule Mürwik: 20
MOV: 46
Pedersen, Henry: 42
Petersen, Peter: 2, 3, 4, 8, 14, 18, 37, 49
Rebensburg: 9, 50
WZ-Bildverlag: 5

Autoren

Hans Frank, Vizeadmiral a.D., *22.06.1939, Eintritt in die Marine mit der Crew IV/61. Nach Ausbildung Einsatz auf Schnellbooten, Zerstörer und Schulschiff. Weitere Truppen- und Stabsverwendungen im nationalen wie internationalen Bereich. Letzte Verwendung Stellvertreter des Generalinspekteurs und Inspekteur der Zentralen Militärischen Dienststellen der Bundeswehr. 1999–2004 Präsident der Bundesakademie für Sicherheitspolitik und 2004–2009 Vorsitzender der Deutschen Gesellschaft für Wehrtechnik. Veröffentlichungen zu sicherheitspolitischen und maritimen Themen, u.a. „Die deutschen Schnellboote im Einsatz, von den Anfängen bis 1945", Hamburg 2006. Wohnhaft in Meckenheim bei Bonn.

Norbert Rath, Fregattenkapitän a.D., *05.02.1944, Eintritt in die Marine mit der Crew IV/64. Nach Ausbildung Einsatz auf Schnellbooten sowie Truppen- und Stabsverwendungen im nationalen wie internationalen Bereich. Seit der Pensionierung 2001 tätig als freischaffender Künstler und Galerist mit eigenem Atelier in Langballigholz an der Flensburger Förde. Verfasser: Kommodore Rudolf Petersen, Biographie, unveröffentlicht, Langballig 2005.

Carola Hartmann Miles-Verlag

<u>Politik, Gesellschaft, Militär</u>

Uwe Hartmann, *Innere Führung. Erfolge und Defizite der Führungsphilosophie für die Bundeswehr,* Berlin 2007.

Hans Joachim Reeb, *Sicherheitskultur als kommunikative und pädagogische Herausforderung – Der Umgang in Politik, Medien und Gesellschaft,* Berlin 2011.

Hans-Christian Beck, Christian Singer (Hrsg.), *Entscheiden – Führen – Verantworten. Soldatsein im 21. Jahrhundert,* Berlin 2011.

Reiner Pommerin (ed.), *Clausewitz goes global. Carl von Clausewitz in the 21st Century,* Berlin 2011.

Eberhard Birk, Heiner Möllers, Wolfgang Schmidt (Hrsg.), *Die Luftwaffe zwischen Politik und Technik. Schriften zur Geschichte der Deutschen Luftwaffe, Bd. 2,* Berlin 2012.

Eberhard Birk, Winfried Heinemann, Sven Lange (Hrsg.), *Tradition für die Bundeswehr. Neue Aspekte einer alten Debatte,* Berlin 2012.

Holger Müller, *Clausewitz' Verständnis von Strategie im Spiegel der Spieltheorie,* Berlin 2012.

Angelika Dörfler-Dierken, *Führung in der Bundeswehr,* Berlin 2013.

Cornelia Fedtke, Kai-Uwe Hellmann, Jan Hörmann, *Migration und Militär. Zur Integration deutscher Soldaten mit Migrationshintergrund in der Bundeswehr,* Berlin 2013.

Torsten Konopka, *Afrikanische Wehrsysteme und ihre Entwicklung zwischen 1990/91 und 2011,* Berlin 2014.

Wolf Graf von Baudissin, *Grundwert Frieden in Politik – Strategie – Führung von Streitkräften,* hrsg. von Claus von Rosen, Berlin 2014.

Wolf Graf von Baudissin, *Der Widerstand. „… um nie wieder in die ausweglose Lage zu geraten… ",* hrsg. von Claus von Rosen, Berlin 2014.

Marcel Bohnert, Lukas J. Reitstetter (Hrsg.), *Armee im Aufbruch. Zur Gedankenwelt junger Offiziere in den Kampftruppen der Bundeswehr,* Berlin 2014.

Arjan Kozica, Kai Prüter, Hannes Wendroth (Hrsg.), *Unternehmen Bundeswehr? Theorie und Praxis (militärischer) Führung,* Berlin 2014.

Angelika Dörfler-Dierken, Robert Kramer, *Innere Führung in Zahlen. Streitkräftebefragung 2013,* Berlin 2014.

Eberhard Birk, Heiner Möllers (Hrsg.), *Luftwaffe und Luftkrieg,* Berlin 2015.

Phil C. Langer, Gerhard Kümmel (Hrsg.), *„Wir sind Bundeswehr." Wie viel Vielfalt benötigen/vertragen die Streitkräfte?,* Berlin 2015.

Dirk Freudenberg, *Counterinsurgency. Aufstandsbekämpfung als Phase zur Überwindung schwacher Staatlichkeit und zur Etablierung des Aufbaus einer stabilen Nachkriegsordnung?,* Berlin 2016.

Christian Göbel, *Glücksgarant Bundeswehr?,* Berlin 2016.

Alois Bach, Walter Sauer (Hrsg.), *Schützen.Retten.Kämpfen. Dienen für Deutschland,* Berlin 2016.

Dirk Freudenberg, Stephan Maninger, *Neue Kriege. Sicherheitspolitische Rahmenbedingungen, Mentalitäten, Strategien, Methoden und Instrumente,* Berlin 2016.

Eberhard Birk, Peter Andreas Popp, *Luftwaffenoffizier 21. Das Selbstverständnis des Luftwaffenoffiziers zu Beginn des 21. Jahrhunderts,* Berlin 2016.

<u>Jahrbuch Innere Führung</u>

Uwe Hartmann, Claus von Rosen, Christian Walther (Hrsg.), *Jahrbuch Innere Führung 2009. Die Rückkehr des Soldatischen,* Eschede 2009.

Helmut R. Hammerich, Uwe Hartmann, Claus von Rosen (Hrsg.), *Jahrbuch Innere Führung 2010. Die Grenzen des Militärischen,* Berlin 2010.

Uwe Hartmann, Claus von Rosen, Christian Walther (Hrsg.), *Jahrbuch Innere Führung 2011. Ethik als geistige Rüstung für Soldaten,* Berlin 2011.

Uwe Hartmann, Claus von Rosen, Christian Walther (Hrsg.), *Jahrbuch Innere Führung 2012. Der Soldatenberuf zwischen gesellschaftlicher Integration und suis generis-Ansprüchen,* Berlin 2012.

Uwe Hartmann, Claus von Rosen (Hrsg.), *Jahrbuch Innere Führung 2013. Wissenschaften und ihre Relevanz für die Bundeswehr als Armee im Einsatz,* Berlin 2013.

Uwe Hartmann, Claus von Rosen (Hrsg.), *Jahrbuch Innere Führung 2014. Drohnen, Roboter und Cyborgs – Der Soldat im Angesicht neuer Militärtechnologien,* Berlin 2014.

Uwe Hartmann, Claus von Rosen (Hrsg.), *Jahrbuch Innere Führung 2015. Neue Denkwege angesichts der Gleichzeitigkeit unterschiedlicher Krisen, Konflikte und Kriege,* Berlin 2015.

Einsatzerfahrungen

Kay Kuhlen, *Um des lieben Friedens willen. Als Peacekeeper im Kosovo,* Eschede 2009.

Sascha Brinkmann, Joachim Hoppe (Hrsg.), *Generation Einsatz, Fallschirmjäger berichten ihre Erfahrungen aus Afghanistan,* Berlin 2010.

Artur Schwitalla, *Afghanistan, jetzt weiß ich erst… Gedanken aus meiner Zeit als Kommandeur des Provincial Reconstruction Team FEYZABAD,* Berlin 2010.

Uwe Hartmann, *War without Fighting? The Reintegration of Former Combatants in Afghanistan seen through the Lens of Strategic Thought,* Berlin 2014.

Rainer Buske, *KUNDUZ. Ein Erlebnisbericht über einen militärischen Einsatz der Bundeswehr in AFGHANISTAN im Jahre 2008,* Berlin [2]2016.

Standpunkte und Orientierungen

Daniel Giese, *Militärische Führung im Internetzeitalter – Die Bedeutung von Strategischer Kommunikation und Social Media für Entscheidungsprozesse, Organisationsstrukturen und Führerausbildung in der Bundeswehr,* Berlin 2014.

Dirk Freudenberg, *Auftragstaktik und Innere Führung. Feststellungen und Anmerkungen zur Frage nach Bedeutung und Verhältnis des inneren Gefüges und der Auftragstaktik unter den Bedingungen des Einsatzes der Deutschen Bundeswehr,* Berlin 2014.

Uwe Hartmann (Hrsg.), *Lernen von Afghanistan. Innovative Mittel und Wege für Auslandseinsätze,* Berlin 2015.

Fouzieh Melanie Alamir, *Vernetzte Sicherheit – Quo Vadis?,* Berlin 2015.

Hartwig von Schubert, *Integrative Militärethik. Ethische Urteilsbildung in der militärischen Führung*, Berlin 2015.

Uwe Hartmann, *Hybrider Krieg als neue Bedrohung von Freiheit und Frieden. Zur Relevanz der Inneren Führung in Politik, Gesellschaft und Streitkräften*, Berlin 2015.

Klaus Beckmann, *Treue.Bürgermut.Ungehorsam. Anstöße zur Führungskultur und zum beruflichen Selbstverständnis in der Bundeswehr*, Berlin 2015.

Florian Beerenkämper, Marcel Bohnert, Anja Buresch, Sandra Matuszewski, *Der innerafghanische Friedens- und Aussöhnungsprozess*, Berlin 2016.

Militärgeschichte

Peter Heinze, *Bundeswehr „erobert" Deutschlands Osten*, Berlin 2010.

Dieter E. Kilian, *Adenauers vergessener Retter – Major Fritz Schliebusch*, Berlin 2011.

Ingo Pfeiffer, *Gegner wider Willen. Konfrontation von Volksmarine und Bundesmarine auf See*, Berlin 2012.

Dieter E. Kilian, *Kai-Uwe von Hassel und seine Familie. Zwischen Ostsee und Ostafrika. Militär-biographisches Mosaik*, Berlin 2013.

Peter Heinze, *Berliner Militärgeschichten*, Berlin 2013.

Ingo Pfeiffer, *Seestreitkräfte der DDR*, Berlin 2014.

Ulrich C. Kleyser, *Lazare Carnot. "Le Grand Carnot". Ein Charakterbild*, Berlin 2016.

Eberhard Birk, *"Auf Euch ruht das Heil meines theuern Württemberg!". Das Gefecht bei Tauberbischofsheim am 24. Juli 1866 im Spiegel der württembergischen Heeresgeschichte des 19. Jahrhunderts*, Berlin 2016.

Kathrin Orth, Eberhard Kliem, *"Wir wurden wie blödsinnig vom Feind beschlossen". Menschen und Schiffe in der Skagerrakschlacht 1916*, Berlin 2016.

Eckhard Lisec, *Der Unabhängigkeitskrieg und die Gründung der Türkei 1919–1923*, Berlin 2016.

Claas Siano, *Die Luftwaffe und der Starfighter*, Berlin 2016.

Erinnerungen

Blue Braun, *Erinnerungen an die Marine 1956–1996,* Berlin 2012.

Harald Volkmar Schlieder, *Kommando zurück!,* Berlin 2012.

Reinhart Lunderstädt, *Aus dem Leben eines Hochschullehrers. Persönlicher Bericht,* Berlin 2012.

Wulf Beeck, *Mit Überschall durch den Kalten Krieg. Mein Leben für die Marine,* Berlin 2013.

Jan Becker, *Aufgewühltes Wasser,* 3 Bde., Berlin 2014.

Klaus Grot, *So war's, damals. Dienstchronik eines Pionieroffiziers im Kalten Krieg 1954–1991,* Berlin 2014.

Gustav Lünenborg, *Bürger und Soldat. Innere Führung hautnah 1956–1993, 1993–2015,* Berlin 2015.

Rainer Buske, *Eine Reise ins Innere der Bundeswehr. Wundersame Geschichten aus einer anderen Welt,* Berlin 2016.

Heinz Laube, *Duell am geteilten Himmel,* Berlin 2016.

Winfried Papenfuß, *Die Kriege der Karendorffs,* Berlin 2016.

Romane

Christoph Karich, *Bewährung im Grünen Meer,* Berlin 2009.

Robert B. Thiele, *Die Treuhänderin,* Berlin 2012 (als Taschenbuch 2013 erschienen mit dem Titel "Der General").

B. Canth, *Bleckwedel und die Schwester des Mädchens, das unter der Planierraupe starb,* Berlin 2015.

Monterey Studies

Uwe Hartmann, *Carl von Clausewitz and the Making of Modern Strategy,* Potsdam 2002.

Zeljko Cepanec, *Croatia and NATO. The Stony Road to Membership,* Potsdam 2002.

Ekkehard Stemmer, *Demography and European Armed Forces,* Berlin 2006.

Sven Lange, *Revolt against the West. A Comparison of the Current War on Terror with the Boxer Rebellion in 1900-01,* Berlin 2007.

Klaus M. Brust, *Culture and the Transformation of the Bundeswehr,* Berlin 2007.

Donald Abenheim, *Soldier and Politics Transformed,* Berlin 2007.

Michael Stolzke, *The Conflict Aftermath. A Chance for Democracy: Norm Diffusion in Post-Conflict Peace Building,* Berlin 2007.

Frank Reimers, *Security Culture in Times of War. How did the Balkan War affect the Security Cultures in Germany and the United States?,* Berlin 2007.

Michael G. Lux, *Innere Führung – A Superior Concept of Leadership?,* Berlin 2009.

Marc A. Walther, *HAMAS between Violence and Pragmatism,* Berlin 2010.

Frank Hagemann, *Strategy Making in the European Union,* Berlin 2010.

Ralf Hammerstein, *Deliberalization in Jordan: the Roles of Islamists and U.S.-EU Assistance in stalled Democratization,* Berlin 2011.

Jochen Wittmann, *Auftragstaktik,* Berlin 2012.

Michael Hanisch, *On German Foreign und Security Policy. Determinants of German Military Engagement in Africa since 2011,* Berlin 2015.

Grégoire Monnet, *The Evolution of Strategic Thought Since September 11, 2011. A Swiss Perspective on Clausewitz, Classical und Contemporary Theories,* Berlin 2016.

www.miles-verlag.jimdo.com